FAZER O IMPOSSÍVEL:
MENOS 30 KG EM 90 DIAS

Editora Appris Ltda.
1.ª Edição - Copyright© 2024 do autor
Direitos de Edição Reservados à Editora Appris Ltda.

Nenhuma parte desta obra poderá ser utilizada indevidamente, sem estar de acordo com a Lei n° 9.610/98. Se incorreções forem encontradas, serão de exclusiva responsabilidade de seus organizadores. Foi realizado o Depósito Legal na Fundação Biblioteca Nacional, de acordo com as Leis n°s 10.994, de 14/12/2004, e 12.192, de 14/01/2010.

Catalogação na Fonte
Elaborado por: Dayanne Leal Souza
Bibliotecária CRB 9/2162

P289f
2024

Passold, Guilherme Felipe
   Fazer o impossível: menos 30 quilos em 90 dias / Guilherme Felipe Passold. – 1. ed. – Curitiba: Appris, 2024.
   76 p. ; 21 cm.

   ISBN 978-65-250-7031-5

   1. Sedentarismo. 2. Motivação. 3. Satisfação. I. Passold, Guilherme Felipe. II. Título.

CDD – 613.7

Editora e Livraria Appris Ltda.
Av. Manoel Ribas, 2265 – Mercês
Curitiba/PR – CEP: 80810-002
Tel. (41) 3156 - 4731
www.editoraappris.com.br

Printed in Brazil
Impresso no Brasil

Guilherme Felipe Passold

FAZER O IMPOSSÍVEL: MENOS 30 KG EM 90 DIAS

artêra
editorial
Curitiba, PR
2024

FICHA TÉCNICA

EDITORIAL	Augusto V. de A. Coelho
	Sara C. de Andrade Coelho
COMITÊ EDITORIAL	Marli Caetano
	Andréa Barbosa Gouveia (UFPR)
	Edmeire C. Pereira (UFPR)
	Iraneide da Silva (UFC)
	Jacques de Lima Ferreira (UP)
SUPERVISORA EDITORIAL	Renata C. Lopes
PRODUÇÃO EDITORIAL	Bruna Holmen
REVISÃO	Cristiana Leal
DIAGRAMAÇÃO	Amélia Lopes
CAPA	Kananda Ferreira
REVISÃO DE PROVA	Bianca Pechiski

Entregue o seu caminho ao Senhor; confie nele, e ele agirá.

(Rei Davi)

AGRADECIMENTOS

Ao amigo Everton Marcilio, por me ajudar com os treinos e sugerir a escrita deste livro.

À minha esposa, por estar ao meu lado, apoiando cada sonho que estava engavetado.

A Deus, por fazer da minha vida uma história muito bela.

SUMÁRIO

O INÍCIO 11

PROPÓSITO 16

Pessoas que eu espero inspirar a mudar de vida 18

Pessoas que eu quero que me vejam como exemplo
de vida saudável 19

Como eu quero estar daqui dez ou 20 anos (ou mais) 20

Qual será a minha história de vitórias quando
chegar aos 120 anos? 21

META 24

DETERMINAR UM CAMINHO 28

ALIMENTAÇÃO 31

A redução de prato 32

Mudança por conta própria 35

Acompanhamento com nutricionista 38

EXERCÍCIOS FÍSICOS 42

Bicicleta 44

Corrida de rua 48

Crossfit ou treinamento funcional 50

Academia 54

Personal trainer ou coach 56

Breve resumo sobre exercícios físicos 58

NOVA ROTINA 60

O que aconteceu para eu ficar tão desanimado? 61

Tem problema estar muito empolgado? 62

O equilíbrio ideal 64

EQUIPE DE APOIO 66

Em casa 67

Amizades 71

APLICAÇÃO 75

O INÍCIO

Provavelmente você está insatisfeito com seu corpo e quer uma mudança. Todos querem, muitos tentam, poucos conseguem. Por quê? Por que é tão difícil conseguir manter um condicionamento físico que agrade nossos olhos diante do espelho ou em uma foto? Nem sempre por ego ou autoestima; muitas pessoas olham como uma questão de saúde.

Mudei minha forma de pensar diversas vezes e não conseguia sair da média, até que um dia houve uma virada de chave na minha mente, e as coisas começaram a acontecer de uma forma que me satisfez. Hoje vejo o quanto poderia ter sido muito mais eficiente em tudo que fiz, mas percebo que esse é um aprendizado que precisa ser passado adiante.

A frase "querer não é poder" é de conhecimento universal e tida como verdade por muitos, porém não motiva e não elimina a crença limitante que cerca a maioria das pessoas. A frase está errada. Se você quer, você pode. É claro que estamos falando de algo benéfico e lícito, sem quebrar princípios. Se você quer, você pode. Basta seguir fielmente um caminho que leve ao destino desejado e ser saudável para você e todos que estão à sua volta.

Sempre quis um corpo fitness. Queria, mas não podia ter. Não conseguia. Sempre mantinha uma ou duas desculpas para a barriga estar crescendo mês a mês. Era o dinheiro curto, o tempo; alegava estar me sentindo bem do jeito que estava, mas queria mesmo era me sentir bem ao estar sem camisa na praia ou ao tirar uma simples foto.

O problema estava em diversos lugares, motivação, determinação, apoio, inspiração. Tudo existia na minha vida, mas em doses e momentos que não ajudavam. A receita do bolo estava confusa, os ingredientes estavam todos lá, mas não traziam o resultado esperado.

Errava e seguia tentando. Durante uns dez anos, fiquei sanfonando meu corpo e minhas metas. Um dia, de tanto aprender com meus erros, fiquei esperto e percebi que podia alcançar algo novo na minha vida com disciplina. Só isso, disciplina em TODAS as áreas. Estou longe da perfeição, mas isso é uma tarefa diária na vida de cada um.

Todos nós podemos, não é? Queremos E podemos, basta alinhar as direções e eliminar os desvios, pois o foco é perdido quando não está bem definido. Assim como a motivação se perde quando está no lugar errado, o apoio é ineficiente quando não está alinhado com você.

Isso não é novidade para ninguém, todos sabem que os erros pessoais existem, só não sabem aprender com esses erros. Com este livro, convido você a alinhar alguns pontos que considero importantes nessa busca pela perca definitiva de peso.

Quando vivi os meses que uso de exemplos no decorrer do livro, não tinha pensado no antes e depois. Minha pesagem, antes da mudança de vida, indicava algo em torno de 124 quilos, e, alguns dias antes de fechar três meses de vida nova, eu estava com 89 quilos.

Como não registrei as datas nem os pesos numa agenda, não posso lhe vender a ideia de emagrecer 35 quilos em menos de 90 dias, por isso vamos ficar com o "menos 30 em 90" porque está abaixo do meu feito, logo posso afirmar que é possível.

Com alimentação balanceada e exercícios físicos simples, minha receita não envolveu nutricionista, nem precisou, pois, no meu caso, havia faltas e excessos nítidos. Sobrava cerveja, chocolate e macarrão e faltava salada. Quanto aos exercícios físicos, subia dois

FAZER O IMPOSSÍVEL

lances de escada uma vez por dia, mais nada. Então, foi só me movimentar que o resultado foi grande. Algo tão simples quanto drástico, pois minha rotina mudou por completo da noite para o dia. Minha alimentação era a típica do brasileiro **gourmet** "fofinho". Já anote aí meus erros e corrija os seus. Gostava (e ainda gosto) de comida gordurosa e cremosa, não tinha hora nem dia para fazer uma lasanha ou aquele cachorro-quente completo. Sempre que o financeiro ajudava, pedia um grande lanche com fritas e uma Coca-Cola gelada. Doces, quentes e gelados, serviam de sobremesa até no café da manhã. Vivia para comer. A lista de alimentos que nos afundam é extensa, e todos a conhecem. O segredo foi substituir praticamente tudo por algo mais saudável.

Não era mais bolacha recheada no café da manhã, mas uma torrada com geleia, ovo cozido, frutas. Ao meio-dia, não tinha mais tanto macarrão e molho, e sim uma porção menor de tudo e muito amor pela salada. Aprendi a gostar de brócolis, repolho e tomate. O período da noite foi o mais difícil, pois tapioca, omelete, pipoca sem óleo e frutas não tinham o mesmo sabor de um caminhão de queijo com pão.

Não é errado gostar disso tudo, o problema está na frequência desse cardápio, no tamanho da porção e no horário em que você come. Não estou contando nenhuma novidade até aqui. Aquela fatia de pizza no meio da madrugada faz mal sim.

Se sentiu familiarizado com alguma situação até aqui? Nem falei da bebida ainda. nesse quesito, fui pouco exemplar, pois, em vez de tomar apenas água e sucos naturais, mantive (mas reduzi muito) a cerveja e outras bebidas. Esse é um erro que muitos cometem. Sabemos que o álcool compromete o fígado e precisamos dele saudável para perder gordura.

Já faz alguns anos que não bebo nem uma gota de álcool, não preciso de nenhum efeito que ele causa no corpo ou na mente, essa é uma disciplina em meio a tantas outras que fazem a vida ficar muito mais saudável. O álcool é uma das manias que sabemos ser aconselhado abandonar.

O exercício físico estava quase extinto na minha vida. Desde jovem gostava de pedalar e correr, já conhecia a rotina de musculação, mas estava há alguns anos vivendo de forma sedentária. O sedentarismo era muito prazeroso, e não vou culpar as séries que assistia, a culpa era minha de dar preferência ao sofá.

Se o sofá ainda é teu melhor amigo, sinto muito em dizer, mas ele está te matando. De forma silenciosa e confortável, teu corpo está ficando torto e encarangado enquanto o tempo passa. O meu estava assim. Em plena juventude, tudo doía quando precisava alongar as costas ou as pernas.

Fazer algo para mudar estava na lista de planos, era da minha vontade, não tinha problema em suar ou sentir a dor nas pernas, o que me faltava era um choque de realidade para acordar, algo que fizesse meus olhos se abrirem para a realidade que estava vivendo. Se você já acordou, fico feliz; se está acordando agora, não volte a dormir!

O dia em que acordei para a realidade da minha necessidade foi muito triste, pois tinha apenas 25 anos e não consegui vestir uma calça 48. Sei que muitos estão em uma situação mais delicada, mas entenda minha perspectiva: dos 8 aos 16 anos, meu apelido era capim; aos 20 usava calça 38; em cinco anos, não entrei numa calça dez números acima.

Durante alguns anos, minhas roupas foram encolhendo silenciosamente, foi sutil. Até que passei a usar as maiores roupas da família. Eu me enganei durante esse tempo todo, dizendo que me sentia bem, que estava feliz. Passei a aparecer menos nas fotos e evitava ser visto como fazia antes.

O assunto roupas novas mexia com meu humor, o cara alegre ficava depressivo, triste pelos cantos. Ouvir um "que camiseta bonita" era um tapa na cara da minha consciência, mas, depois de

FAZER O IMPOSSÍVEL

um tempo aproveitando algumas calças velhas do meu pai, precisei comprar uma para mim. Imaginando certa dificuldade pela frente, fui sozinho.

Depois de dar algumas voltas pela cidade, criei coragem e entrei numa loja. A vendedora muito simpática ofereceu ajuda e me encaminhou ao canto das calças grandes. Eu quis uma 46, ela me disse que uma 48 ficaria pequena. Lembrei que a minha calça estava laceada, talvez estivesse enganado quanto ao tamanho e aceitei provar uma 48. Não serviu.

Chorei no provador da loja durante alguns minutos, a vendedora me perguntou se eu queria alguma ajuda, disse "não, tudo certo, logo estou saindo". Me senti um fracassado, quase pedi uma maior, olhei novamente o tamanho da calça, só podia estar errado. Não estava, eu é que tinha ganhado mais peso do que podia admitir, saí da loja o mais rápido possível. Porém, não mais o mesmo homem.

Voltei três meses depois, provei uma calça 38. Serviu. Comprei.

Essa vitória significa muito para mim, e sei que você vai saborear grandes conquistas também. É por isso que estamos aqui, compartilhar a minha história e reunir opiniões profissionais a fim de ser um apoio nessa luta. Fiz tudo com muita consciência e noção, de saúde e segurança. Sou apenas um cara comum, que levantou mais vezes do que foi ao chão e agora vou ajudar você a vencer a briga com a balança.

Nos capítulos que se seguem, há uma grande variedade de informações, são opiniões minhas e profissionais, com erros e acertos, que têm a intenção de ajudar. Permita a mudança que vai levá-lo mais longe do que jamais sonhou.

PROPÓSITO

Comecei e parei muitas vezes rotinas de exercícios, academia, caminhada no parque, bicicleta. Sempre falhei e demorei anos para entender onde estava meu erro. Nunca tinha parado para ouvir minha resposta quando me perguntava "por que quero emagrecer?".

Lembro-me das seguintes respostas: "para receber olhares de interesse", "para ser o bonitão da praia", "para ser disputado entre as mais gatas da festa". Tudo papo furado e conversa mole, pois era só receber o primeiro olhar, e meu subconsciente desistia de ir para a academia. Perdia uns quilos e entrava numa calça menor, já não importava mais nada. O propósito era fraco.

Muita coisa mudou quando minha filha nasceu. Minhas preocupações não eram mais apenas sobre mim, alguém precisaria de um modelo a ser seguido, e minha saúde não era exemplar. Meu peso indicava futuros problemas cardíacos, minhas roupas estavam grandes demais.

Tinha algo de muito errado comigo, e alguém precisava fazer algo a respeito. Anos depois li uma frase que se encaixa nesse momento: "transforme sua indignação em atitude". Tomei uma atitude com o seguinte pensamento na cabeça: "minha filha vai ter um pai bonitão, saudável e amigo da balança das roupas menores".

Pode parecer simples, mas foi o propósito mais forte na minha mente durante muito tempo. A força dele não estava em mim, estava em fazer algo por outra pessoa.

Não fui atrás de nenhum tipo de recompensa, decidi mudar para poder ser alguém exemplar para minha filha; era por ela, pelo exemplo de saúde que ela merecia ter aos meus olhos naquele momento. Hoje estou me cuidando além do exercício físico e da alimentação saudável. Todo começo pode ser pequeno, mas é o primeiro passo de uma jornada que nos leva longe, para fora do gráfico. Essa jornada precisa de uma grande motivação ou propósito.

Não sei qual o seu propósito, mas sei que tem motivos para buscar esse objetivo e quero ajudá-lo a encontrar e focar o melhor possível para alcançar o melhor resultado. Vou compartilhar mais exemplo meu para aprofundar o conceito.

Este livro que você está lendo não foi escrito com o simples propósito de ajudar pessoas a emagrecer. Ele vai dar um bom norte na perda de peso e vai passar por esse resultado – acredito mesmo que muitas pessoas vão conseguir se manter na nova rotina com as dicas que darei –, mas o real objetivo não está aí.

Quero mesmo é mudar sua vida para sempre! Não apenas na balança. Aonde quer que vá, perceberão que se transformou em uma pessoa diferente do comum. Alguém saudável, que rejeita qualquer consumo nocivo à saúde.

Imagine você se tornando uma pessoa que superou todos os desafios que causavam estresse, depressão, insônia, ansiedade e tudo quanto é coisa ruim na mente e no coração. Os conceitos aqui ensinados, se aplicados em todas as áreas da vida pessoal e profissional, vão ajudá-lo a identificar os pontos em que a peteca cai, e o erro acontece. Fica escondido enquanto cresce.

Errar é fácil, difícil é admitir que errou e que precisa se levantar. Levante-se e faça o certo, mas dessa vez repense o plano. Vamos começar pensando o motivo certo? Qual o propósito certo?

Faça sua lista com base nos tópicos a seguir. Logo falaremos mais sobre cada um deles e sua importância:

- pessoas que espero inspirar a mudar de vida;
- pessoas que quero que me vejam como exemplo de vida saudável;
- como quero estar daqui a dez ou 20 anos (ou mais);
- qual será minha história de vitórias quando chegar aos 120 anos?;

Depois de definir esses pontos, faça um quadro de lembretes e veja-o todos os dias de manhã cedo.

Pessoas que eu espero inspirar a mudar de vida

Não estou falando daquele tio ou daquela prima que estão passando por alguma dificuldade, pense grande. Imagine um grupo de pessoas de forma genérica, porém bem extensa; sua superação pode e vai ajudá-lo. Não é errado pensar pequeno, mas lembre-se de que pensar grande e pensar pequeno dá o mesmo trabalho, o resultado é que muda.

Vou usar os fumantes como exemplo. Se você deseja parar de fumar e vai focar esse objetivo, o que impede de inspirar todo o mundo a fazer o mesmo? Uma pequena decisão. Basta lutar com todas as suas forças e parar de fumar, documente o processo, converse com as pessoas sobre isso, tenha a chama acesa no coração o tempo todo, não deixe pessoas frustradas dizerem que é em vão tentar ajudar o mundo.

Vamos supor que aquele tio de que você gosta tanto, fuma. Ele será o primeiro a ouvir sobre a nova vida de não fumante, mas ele não pode ser o propósito da tua jornada; caso contrário, o mundo pode perder um grande influenciador antitabagismo.

Entendeu por que pensar grande nos leva mais longe? Porque não paramos. O tio para de fumar, a vizinha para de fumar, o colega no trabalho para de fumar, porque o grupo que você quer impactar não é pequeno, você quer uma vida melhor para milhares de pessoas. Cada pequena vitória deve ser comemorada, mas apenas a linha de chegada.

Você não precisa militar sobre qualquer assunto, basta dar exemplo que as pessoas vão sendo influenciadas aos poucos. O bem que faz a si mesmo não é por eles, mas a vontade de causar um impacto positivo em suas vidas vai lhe dar forças para não desistir.

Pessoas que eu quero que me vejam como exemplo de vida saudável

Estamos falando de vida saudável, seja deixando o açúcar, o álcool ou o cigarro. Todos sabem que uma vida saudável aumenta, e muito, a expectativa e a qualidade de vida. Sempre digo que quero viver até os 120 anos, e sem dor nas costas. Mas isso só será possível se eu fizer desde já a minha parte.

Porém, que graça terá viver tanto, e minha descendência não chegar aos 80? Quero todos ao meu lado, quero vida de qualidade para eles, é por isso que estão no propósito da minha mudança de vida. Nesse caso, deve estar no propósito da SUA mudança de vida.

Como já citei, minha filha foi (e continua sendo) a grande razão do bem que faço a mim mesmo. A família precisa sim estar no propósito. Mais adiante falaremos de forma mais profunda sobre a importância da família nessa nova vida. Agora precisa ficar claro o papel deles no propósito.

Por maior que sejam as desavenças, mais mala o tio do pavê, mais chato o primo do futebol, família sempre será família, é a sua raiz. Querer ser exemplo para duas ou três gerações nos dar uma força enorme. Seja em reuniões anuais ou esporádicas, vocês vão conversar sobre a vida, lutas ou rotinas, e eles ficarão tão felizes (ou mais) quanto seus melhores amigos.

Seus parentes próximos ou distantes serão impactados e se sentirão motivados a serem mais, a fazerem mais, porque VOCÊ está fazendo algo a mais, está saindo do comum e mostrando que é possível.

Fazer algo por si mesmo é recompensador. Você faz, vê resultado e se alegra. Quando um amigo diz que está seguindo seus passos, seu coração pula de felicidade, porque ajudar o próximo é algo maravilhoso. Mas, quando o assunto é família, o primo distante não precisa dizer que parou de fumar ou beber.

É gratificante ver nas ações de um familiar mudanças boas na rotina, vê-lo mais saudável e impactando o mundo em volta. Faça por você a mudança de atitude, mas lembre-se de que a família que o viu crescer, ou a que cresce depois de você, está se inspirando nas coisas boas que faz.

Como eu quero estar daqui dez ou 20 anos (ou mais)

O alto índice de pessoas que sofrem com ansiedade no mundo indica que a preocupação com o que há de vir é uma realidade na nossa vida. Não vamos sofrer por isso, não adianta chorar pelos anos que já se passaram, e não vai mudar nada ficar aflito com o calendário.

O que faremos é uma perspectiva. Uma autoimagem idealizada da melhor versão de nós mesmos. Podemos não chegar a

FAZER O IMPOSSÍVEL

essa imagem em dez anos, mas é um propósito pelo qual vale a pena lutar, afinal, ninguém lutará por nós, e chegar mais perto dessa imagem de si vai nos dar força durante os anos que virão.

Sempre me imagino chegando aos 60 anos em boa forma, por isso luto contra o chocolate e o refrigerante com tanto empenho, mantenho uma rotina de exercícios, cuido da minha pele quando me exponho ao sol, da minha hidratação e da alimentação correta. Não sou viciado em vida saudável, mas presto atenção em detalhes, como colágeno, vitaminas, pH e sódio dos alimentos e das bebidas.

Não cuido só da boa forma, quero estar mais culto, mais inteligente, quero uma multidão de pessoas impactadas pela minha forma de viver, e todas sendo melhores para si e para os outros. Sei que preciso fazer mais e mais, pois o saudável que quero para mim inclui o intelecto também.

Quando olho para meu futuro, vejo um homem que venceu. Está de bem com a balança e com os boletos. Seus filhos e netos trilham um bom caminho, tem uma esposa amorosa ao seu lado e um grande legado a ser passado às próximas gerações. É realmente algo muito pessoal e fantasioso, mas sei que, se eu lutar da forma correta, todos verão esse homem, ele existirá.

De forma semelhante, você deve se preocupar com o seu "eu" do futuro. Você sabe (ou deveria saber) aonde quer chegar e como quer chegar, basta FAZER o que precisa ser feito. Estudar mais, parar de fumar, se exercitar, abrir uma loja on-line. Não sei o que fará, mas faça. Sonhe alto! Comece pequeno, mas comece AGORA!

Qual será a minha história de vitórias quando chegar aos 120 anos?

Certo dia imaginei como seriam minhas histórias com base no rumo em que estava. Meu discurso para meu neto (a princípio me contentei com um apenas) era mais ou menos assim: *"até que o vô era feliz, comia boas pizzas, pagava uns boletos maneiros, uma ou duas vezes por ano fazia um dia de passeio com a moto, ia em algumas festas, mas não lembro muitos detalhes porque bebia muito..."*.

Eu não estava vivendo minha vida, não estava construindo uma história boa de se contar, era uma pilha de lixo. Hoje tenho uma perspectiva totalmente diferente, não vivo em prol de uma história que será contada, mas saber que ela será contada faz com que eu me preocupe com ela. Cuido para não ser só mais um número na lista do INSS.

Não deixo as pequenas derrotas abalarem minhas pernas, caio e me levanto pronto para alcançar a superação de mim mesmo. Até aqui, minha história já mudou um pouco e está assim: *"busquei viver a vontade de Deus para minha vida e, enquanto fazia isso, percorri trilhas lindas pelo litoral, fiz longas viagens de moto e amizade com pessoas de diferentes países. Ajudei pessoas a superar seus limites e dificuldades, vi Deus me guiando em todos os caminhos e vivo muito pleno e feliz assim..."*. Em cada ponto citado, foram dias de emoções intensas e felizes. Mas essa é a minha história, você merece VIVER a própria história feliz.

Cada um vai ter a própria história para contar, quero a que a sua lhe agrade quando chegar a hora de contá-la. Independentemente dos lugares, das pessoas e dos momentos, ela precisa ter vida, precisa mostrar quem você é de verdade, o que gosta de viver e sentir. Não adianta embarcar numa caravana de pessoas emocionadas por algo que tem brilho, mas não tem um propósito digno de ser vivido.

Fazer algo com amigos é muito bom, mas você gosta de fazer o que está fazendo? Você está vivendo a vida que sonhou viver?

A receita acaba sendo simples, quanto maior for o número de pessoas, e maior o bem que você pretende causar na vida delas, mais próximo de Deus estará. Logo, terá uma grande ajuda na caminhada. Cuide de você, mas queira cuidar dos outros também. Não é uma questão de religião, é um fato, um princípio com muitos nomes. "Aqui se faz, aqui se paga", "você colhe o que planta", "o mundo dá voltas". São muitas formas de dizer o que digo, queira o bem das pessoas, e esse bem lhe fará bem. Faça o bem até para quem lhe fez mal, e coisas boas vão acontecer na sua vida.

Com a frase "com grandes poderes vem grandes responsabilidades", tio Ben nos ensinou outro princípio muito importante sobre propósito, "a quem muito é dado, muito será cobrado", ou seja, a luta vai ser grande. Haverá mais barreiras no caminho quanto maior o objetivo. Mas quem vai desanimar?

Estamos lutando todos os dias por objetivos pequenos, apanhando e nos levantando até conquistar. É aqui que fica o ponto em que a maioria erra. Desistem porque está difícil ou abaixam a expectativa e almejam algo mais simples, mais fácil. "Se fosse fácil todos fariam". Convido e desafio você a fazer o difícil.

Sonhando pequeno ou grande, as lutas vão ser difíceis. Querendo o bem do próximo, Deus ajuda. De qualquer forma, você vai sentir fome, sono e frio, vai ter contas a pagar e compromisso a honrar. Há quem sofre por pagar dez mil reais de imposto de renda. Eu digo, deve ser legal TER que pagar essa quantia, não é? Sonhe grande!

META

Mesmo que o propósito seja muito importante, para não se perder no caminho, é necessário ter em mente qual a última parada desse caminho, seu objetivo desejável. O motivo de querer chegar lá nos dá força no caminho, e o que nos espera no fim? Concluir a meta estipulada. Mas qual? Não tenha uma meta pequena, pois o que não nos desafia não nos transforma. Agora é hora de sonhar grande. Perdi 30 quilos, você quer perder 50? 100? Sonhe alto, trabalhe duro, comemore cada pequena vitória, mas não deixe de focar o objetivo.

Comecei minha rotina de exercícios sem nenhuma meta específica, apenas me dediquei sem muitos desvios e acompanhei a balança. Foi um erro. Saber que sofremos por uns quilos a menos é fundamental, mas sem meta estamos sujeitos a nos agradar com o resultado mediano. Não é errado querer ficar na média, errado é achar que a média é o limite que podemos alcançar.

Fui da calça 48 a 38 em 90 dias, pois estava muito focado em ficar magro. Focado nesse caso é uma forma polida de dizer que era uma verdadeira obsessão. Minha meta estava distorcida a ponto de acreditar que apenas o número na balança importava. Eu queria estar saudável o suficiente para ser exemplo olhando apenas para a gordura corporal e esquecendo que os músculos estariam crescendo. Esse erro me custou a determinação de continuar a progredir. Queria apenas ficar mais magro e acabei não dizendo para mim mesmo que os músculos cresceriam e fariam a balança estabilizar ou voltar a pesar mais.

FAZER O IMPOSSÍVEL

Hoje não penso mais no número do manequim ou nos dígitos na balança, há um corpo desenhado nos meus pensamentos. Nem tão magro, nem tão musculoso. Uma média equilibrada, forte e saudável. Se você quer ficar beirando o limite mínimo de peso ou ficar com 120 quilos de puro músculo, está tudo bem, é sua meta, e deve estar clara aos seus olhos. É nela que deve estar focado, não na dos outros. Seu padrão ideal diz respeito a você. Se, ao longo do caminho, houver mudança de pensamento, está tudo bem.

O que precisa acontecer na sua mente é uma virada de chave, focar algo diferente do que tem hoje, e, se, em algumas semanas, mudar de objetivo, lembre-se de que as regras podem mudar. Poker e canastra usam o mesmo baralho e regras totalmente diferentes. Se está olhando para uma meta mais ousada que a anterior, algo que o desafia mais. Não se engane, o caminho vai ser mais desafiador. Eu queria perder peso e ser mais saudável, consegui e agora vou lapidar melhor essa meta. E você, já tem uma meta definida?

Não se limite àquela peça linda que está no seu guarda--roupas há anos, olhe a vitrine, imagine-se em uma condição que nunca esteve na vida. Não quero impor um padrão ou nível, apenas se permita sonhar com algo que parece impossível. É exatamente sobre isso, alcançar o impossível. Sua melhor versão está aí, basta trabalhar duro por alguns meses, e todos verão.

Saiba desde já que muitos vão dizer: "*gostava mais de você antes. Parecia mais feliz*", "*agora só fala de alface e brócolis*", "*chega né, vai sumir assim*". Quando você dedica tempo para chegar a algum lugar diferente, se esforça e aceita o processo necessário, muitas influências externas podem surgir. Cuidado para não se desviar.

Quando a meta está bem traçada, ela pode sofrer alterações, ajustes no percurso, mas não conseguem nos tirar da direção correta. O propósito nos dá força para não desistir. A meta é a imagem da vitória lá na frente, sem ela fica fácil cometer desvios.

Uma forma de se manter em linha reta e motivado é usar pequenas recompensas. Sim, se dê uma recompensa a cada pequena vitória. Apesar de "sofrer" para ganhar, podemos encontrar bons prêmios no caminho. Eu comprei um bom tênis depois de ter acumulado 100km de corrida. Pode ser uma bicicleta nova, acessórios, utensílios domésticos... Use a criatividade e se presenteie.

Conforme o tempo for passando, o resultado vai estabilizando, muito normal demorar uns dias, até semanas para começar a ver resultados significativos, depois pode dar um salto. Digo isso pelo que vivi. Após uma semana me exercitando, quase me frustrei por não ver diferença nenhum. Nas semanas seguintes, sequei muito, pois tinha muito peso a perder, mas, depois de dois meses, a perda desacelerou, algo normal segundo profissionais.

As recompensas ou mimos a cada conquista dão um sabor especial às vitorias e aos marcos. Lembro quando a balança marcou, pela primeira vez, abaixo de cem quilos, comemorei com uma lata de energético. Alguns amigos e eu brindamos antes do treino. Algo banal à vista de qualquer pessoa, mas para mim teve um significado especial.

Ter pontos a comemorar é importante, não são fins, são meios para fortalecer a caminhada. São checkpoints que trarão a confirmação da vitória, seja ela pequena ou grande. Tenha equilíbrio, pequenas conquistas pequenas comemorações. Assim, dificilmente a sensação de derrota voltará a incomodar.

Uma boa forma de estipular uma meta é ser SMART. o termo SMART é uma sigla em inglês que significa: **Specific** (específico), **Measurable** (mensurável), **Achievable** (atingível), **Realistic** (realista) e **Time-bound** (temporal) Para mim não é só a melhor, mas a única forma. É uma receita, um passo a passo completo.

ESPECÍFICO: defina claramente o que você quer, aonde espera chegar, qual caminho vai trilhar, os recursos e meios disponíveis. Por que essa meta existe? O que vai mudar na sua vida

FAZER O IMPOSSÍVEL

durante e após? Por exemplo, vou ao trabalho de bicicleta pelo caminho mais curto, para ganhar tempo, e volto para casa pelo caminho mais logo, a fim de melhorar o condicionamento físico e poupar gasolina.

MENSURÁVEL: compare resultados, se pese periodicamente, assim é possível monitorar se a meta está me levando a algum progresso. Usando o exemplo da bicicleta, consigo medir a distância e o tempo dos percursos.

ATINGÍVEL: calibre a meta com a sua realidade, os limites do seu corpo e suas demais condições. Ir de bicicleta até a Lua, impossível. Até a China, difícil, porém atingível. Metas ousadas serão mais trabalhosas de conquistar, mas essa é a graça, ser realista com um sonho "impossível" e trabalhar duro até atingi-lo.

RELEVANTE: vá além da superficialidade. Fazer algo só por fazer é vazio, não tem sentido. É possível dar propósito a essa meta? Ela vai gerar impactos alinhados ao seu propósito de vida?

TEMPORAL: ajuste o tempo que dedicará à sua meta e mantenha altas as expectativas em cumpri-la no prazo. Expectativa alta E realista. O prazo é realista? Quanto tempo por dia vai demandar? O tempo estipulado precisa ser condizente com a meta, pois fazer algo difícil requer dias, semanas ou meses.

Existem diversas formas de ver e avaliar uma meta, ajustá-la e refazê-la, a questão principal é saber quais são e deixar claro para você e quem mais está envolvido, afinal, parar no meio do caminho fica (ou deveria ficar) difícil quando sabemos onde está a linha de chegada.

DETERMINAR UM CAMINHO

A jornada da vida é uma estrada complexa e intrigante, repleta de escolhas e desafios. Muitas pessoas se encontram perdidas nas profundezas da escuridão, sem sequer perceber que existe uma luz brilhante ao final do túnel. Elas podem ter ouvido falar dela, até mesmo tentado alcançá-la, mas as correntes do cotidiano as mantêm presas em uma direção que não as leva aonde desejam verdadeiramente chegar.

Há uma história que ecoa em minha mente, de um pequeno livro intitulado **Tudo o que você pensa, pense ao contrário**. A própria capa é um sinal, com o título **Pense ao Contrário**, escrita de forma invertida, nos lembrando que muitas vezes é preciso adotar uma perspectiva oposta à habitual. Essa é uma metáfora profunda para a jornada da vida: às vezes, a resposta está em desafiar a norma, em marchar na contramão do que é familiar.

Ir na contramão é um ato ousado, uma afirmação de autenticidade. Quando o fluxo das ações diárias nos conduz a um estado sedentário e a um corpo fora de equilíbrio, é hora de adotar uma abordagem radical. Não se trata de tentar algo novo temporariamente; é sobre escolher uma direção, amarrar o cadarço dos tênis e seguir em frente com determinação inabalável.

Não estou sugerindo que todos se tornem atletas profissionais, dedicando horas intermináveis ao treinamento. Estou propondo um compromisso acessível: dedicar pelo menos cinco horas por semana

FAZER O IMPOSSÍVEL

a uma atividade física. A jornada rumo à saúde e ao bem-estar é individual, moldada pelo tempo e pelo esforço investidos.

Se você é um apreciador de filmes e séries, pode usar esse interesse de maneira estratégica. Filmes e séries sobre esportes e superação podem servir como ferramentas de direcionamento, orientando o foco do seu subconsciente. Histórias de indivíduos e equipes que enfrentaram adversidades com determinação e coragem têm o poder de nos inspirar a seguir adiante.

Além disso, mergulhe em livros e artigos. O ato de ler expande a mente e fortalece a determinação. Biografias de atletas e treinadores de sucesso podem ser fontes inesgotáveis de motivação e sabedoria. Essa prática de absorver conhecimento também cria uma base sólida para os momentos desafiadores que surgirão no caminho.

Lembre-se de que essa jornada não é apenas física, mas também mental. Haverá momentos em que o cansaço ameaçará sua resolução. No entanto, desistir não é uma opção. O descanso, nas primeiras semanas, é crucial para a adaptação do corpo à nova rotina. O cansaço é natural, mas a perseverança é a chave.

É vital entender que a jornada não é linear. Escolha a estrada que deseja percorrer e saiba que haverá momentos em que será necessário reduzir o ritmo temporariamente. A adaptação gradual a novos hábitos é uma parte essencial do processo. No entanto, jamais se permita retroceder ou desistir. O sedentarismo é um adversário sorrateiro, mas sua determinação pode se revelar mais forte.

Lembro-me de minhas próprias experiências de adaptação. Caí em armadilhas quando reduzi o ritmo excessivamente, quando cedi ao desejo de voltar à zona de conforto. O sedentarismo é um ciclo vicioso e letal, um poço profundo de comodismo. Em cada momento de fraqueza, me vi de volta ao ponto de partida. A lição aqui é simples, mas de valor inestimável: seguir adiante sem olhar para trás.

Nossa jornada é semelhante a uma sinfonia, em que as notas da persistência se misturam com os acordes da determinação. Escolher o caminho menos trilhado, o da superação pessoal, é uma afirmação de seu compromisso consigo mesmo. A cada passo, você planta as sementes e colhe resultados diretamente proporcionais ao esforço dedicado.

Nessa jornada, é essencial ter em mente que a vitória não é dada aos que desistem. O segredo, muitas vezes subestimado, reside na capacidade de não desistir, mesmo quando o horizonte parece distante. A verdade é simples: a jornada exige sua constante presença e determinação, mas os frutos compensarão cada desafio.

Portanto, deixe para trás a monotonia da rotina que o prende. Seja o arquiteto de sua própria superação, moldando cada passo na direção da sua visão mais ousada de si mesmo. As primeiras semanas podem exigir ajustes, mas lembre-se de que a adaptação é uma parte natural da evolução. Assuma o comando, permita-se caminhar para um destino que brilha com realizações e bem-estar.

Nunca esqueça que a jornada é sua, apenas sua. O poder de transformação está em suas mãos, na escolha diária de seguir em frente, de enfrentar os desafios de frente. Olhe para o futuro com determinação. À medida que prosseguir, lembre-se de que não há espaço para recuos. Caminhe com propósito, com a certeza de que cada passo o aproxima do melhor que pode ser.

ALIMENTAÇÃO

A alimentação é, sem dúvida, a grande vilã do nosso corpo. As pessoas não marcam um rodízio de salada num domingo ou vão a um festival de legumes na sexta à noite. Cervejas, massas e aperitivos são mais apetitosos, não é mesmo? Porém, estamos fazendo errado, eu fazia errado, vivia para comer. A próxima refeição não deve ser fator determinante para continuar de pé no dia a dia. Claro que saborear algo diferente do arroz de casa é muito legal, mas isso não deve virar um hábito. Não é saudável viver assim. De forma silenciosa, ganhei peso assim. O dinheiro era para comprar comida saborosa, de fácil acesso e alto teor calórico. Alface não tinha graça. Vale lembrar que peixe morre pela boca; não pelo que fala, mas pelo que come. Devemos comer bem todos os dias, e comer bem não é comer bastante.

Se você sente que talvez tenha dificuldade em reavaliar a forma como vê a comida e a bebida, aconselho a falar com algum médico que possa encaminhá-lo ao melhor profissional para seu caso. Senti na pele a tristeza do sobrepeso e afirmo que depressão não é frescura.

Estamos aqui não só para conquistar um corpo mais saudável, mas para realmente mudar de vida, ser uma nova pessoa, e um psicológico precisa estar acompanhando essa determinação. Depois de chorar no provador, parei de descontar a frustração e a angústia com potes de sorvete, cerveja e pizzas.

A dor nos paralisa ou nos transforma. Conseguir mudar o corpo (nem que seja um pouco) com alimentação causa uma grande sensação de bem-estar, é uma vitória digna de comemorar. Se você vê que dá para mudar algo no prato, vale a pena fazê-lo.

Considero três formas de pensar a alimentação na hora de propor uma mudança de vida. Não adianta fazer a mesma coisa esperando que o resultado mude. Einstein chamou isso de insanidade, e concordo com ele. Por mais saudável que já seja sua alimentação, sempre é bom repensar, pode haver algo simples, como comer a salada toda antes da refeição principal, que fará com que alguns resultados mudem.

Nos três cenários propostos, temos a redução das porções consumidas, inclusive bebidas, exceto água (água é vida, beba bastante sempre). Pode ser feita uma mudança radical, porém sensata. Grande parte do meu resultado é por ter feito assim. Você pode também fazer um acompanhamento com nutricionista.

Sabemos de dois fatos inegáveis sobre nutrição: muita coisa que será dita por um profissional não é novidade, então já faça e ganhe tempo, e qualquer atividade física terá resultados melhores quando a alimentação for saudável. Vamos nos aprofundar um pouco sobre cada mudança.

A redução de prato

Das três mudanças de comportamento na alimentação, essa é a mais arriscada de se fazer, pois a única mudança real é dizer para seu estômago viciado que, a partir de agora, vocês estão de dieta. Quando tentei entrar nessa, só me iludi. Claro que, para cada pessoa, a adaptação é diferente. Cada um deve saber seus limites e medir a força para continuar o ritmo proposto por si mesmo.

Fazer essa mudança é bem simples no começo, ela vai ficando mais difícil conforme os dias vão se alongando, e o resultado inicial

FAZER O IMPOSSÍVEL

não se mostra tão eficiente. Reduzi minhas porções e notei diversos comportamentos de autossabotagem, por isso digo que me iludi. Quando a fome vinha, precisava brigar com os instintos.

Um grande problema surgiu quando comecei a fazer conceções, comer normalmente durante o dia e quase nada de noite, aí vinha uma tremenda vontade de comer só uma fatia de torrada seca. Quando percebia, estava comendo uma pizza.

Realmente lidar com a fome é mais difícil do que parece, requer muita concentração e foco, é preciso estar ciente de que os sintomas de fome são externados tão facilmente quanto qualquer outro sentimento. Como alimentação é algo primordial à nossa sobrevivência, devemos considerar nosso nível de inteligência emocional.

A agressividade e o mau humor vão ser percebidos pelas pessoas à nossa volta. Não adianta se enganar quando o assunto envolve a visão que as pessoas têm de você. Vão perceber, vão sentir a hostilidade.

Quando notarem uma mudança negativa no seu comportamento, estará tudo navegando rio abaixo. Ainda falaremos sobre família e amigos, mas aqui já entra um dedinho a ser considerado. Eles vão se afastar aos poucos, não vão apoiá-lo e ainda podem acabar criticando seu novo "eu".

Acredito que a ideia não é essa, queremos mostrar a eles que vale a pena fazer algo novo, ser alguém novo. Se queremos que vejam, nem precisamos dizer o quanto queremos sentir alegria com esse novo.

Lembro-me de algumas dificuldades que tive quando fiz apenas uma redução no tanto que comia. A fome batia forte horas antes do almoço, o humor e o rendimento no trabalho já se alteravam. Houve situações em que ouvi a frase "está com fome, né?". As pessoas me conheciam, sabiam que não era típico da minha parte ser grosseiro, mas acontecia com bastante frequência.

Outro ponto ruim aparecia nas refeições fora de casa, com amigos ou familiares. Como um cara que comia por dois agora estava comendo feito uma criança anêmica? Era difícil negar as porções extras lançadas no meu prato, afinal, fora de casa não era arroz e feijão, era pizza, carne, cerveja. Amigos e familiares sempre me trataram bem, e empurrar as coisas assim era visto com bons olhos por todos, menos por mim.

Eu estava sempre com fome, e quem estava à minha volta via isso. Eles me serviam para que eu tivesse a oportunidade de me saciar. Depois do primeiro sim, ninguém leva a sério os outros "não|" e lá ia o pouco resultado conquistado durante a semana.

Havia momentos bons também, não precisava pensar em muita coisa diferente na hora de ir ao mercado ou de pilotar o fogão. Sentir o mesmo sabor familiar ajudava em muitos dias. Era prático e prazeroso, usava o mesmo livro de receitas que tinha na cabeça, a mesma lista de compras. Era cômodo e divertido, pois, durante muitos dias, a piada de comer como uma criança não perdeu a graça.

Não quero tirar da sua cabeça a ideia de reduzir, só não consigo lembrar muitos pontos positivos em fazer isso. Quando penso em como foram aqueles dias, lembro-me da fome, do mau humor e das queixas que sumiram quando voltei a comer uma porção condizente comigo. Tem a praticidade sim, mas a dificuldade é maior do que parece, e não acredito que valha a pena pôr em risco os relacionamentos por conta disso. Ainda assim, vou listar alguns pós e contras para ajudá-lo a decidir qual caminho tomar.

Prós:

☺ manutenção da rotina na cozinha;

☺ manutenção da lista de compra;

☺ maior sensação de estar fazendo algo positivamente impactante;

☺ redução no custo com alimento.

Contras:

- 😞 fome durante mais tempo;
- 😞 gestão de sentimentos mais fortes;
- 😞 risco de se autossabotar;
- 😞 descrédito de familiares e amigos;
- 😞 fraqueza e indisposição;
- 😞 imunidade baixa.

Se colocar numa balança os pós e contras, fica muito fácil ver que essa não é a melhor opção. Fica sob sua responsabilidade o resultado obtido. Porém, não se esqueça que a vitória é só sua, a derrota não. Sempre haverá pessoas esperando a oportunidade de ver você fracassar, assim como haverá pessoas que talvez não esperem, mas vão ficar muito contentes pela sua vitória, até vão se inspirar. Então vale a pena lutar. Reduzir a porção é uma opção pouco viável, mas, se já é algo diferente do que está fazendo atualmente, vale a pena tentar.

Mudança por conta própria

Vamos ver o que é para mim a melhor opção de mudança inicial. Em vez de consultar um profissional, faremos por conta própria, assumindo o risco de errar e comer algo que não devemos antes de treinar ou antes de dormir. Pode acontecer de engordarmos ou simplesmente não perdermos peso, talvez uns dias de intestino desregulado, por isso é algo que deve ser feito com muita sensatez, dessa forma não estamos apenas assumindo os riscos, mas fazendo algo mais impactante, com maior resultado do que a opção anterior e, de quebra, muito mais satisfatório, pois o aprendizado será maior.

A internet está carregada de receitas e dicas que dão um norte excelente e um apoio muito grande quanto ao que se diz saudável e sensato de se fazer. A grande virada de chave está na sua receptividade e força de ação. Eliminar frituras e acrescentar saladas e frutas é o básico. Não adianta fingir que mudou de rotina, é preciso fazer muita coisa diferente. Eu fiz e posso dizer que vale a pena, e o bolso muitas vezes acompanha a alegria. Comer bem e de forma saudável não é caro.

O mesmo preço que pagava em um pacote de bolacha recheada rendia dois ou três cafés da manhã, e eu comia bem. A variedade foi algo que me surpreendeu muito, tive que me conter com as porções para não ser um tiro no pé. Como havia muitas opções, era difícil repetir um mesmo cardápio durante dias. A internet me abriu os olhos para a tapioca, a torrada, o iogurte com granola, a omelete com legumes, as frutas. Tudo em porções que me saciavam e não agrediam o bolso, foi muito prazeroso aplicar essa mudança.

Uma parte que pegou no humor foi o tempo de preparo, mas nada absurdo. Antes fazia café no micro-ondas e já abria a bolacha. Ou seja, acordava e, dois minutos depois, estava à mesa. Já com a nova rotina, precisava de cinco a 20 minutos. Esse tempo a mais foi a única coisa de que reclamei nos primeiros dias, mas, convenhamos, o sabor do alimento não dá para comparar. E o ato de preparar algo com calma fez muito bem para mim e para a família toda. Acordar de manhã cedo e ter uma mesa com cor e temperos muda a perspectiva de como será o dia, assim a crença da demora em fazer o café foi derrubada pela alegria em preparar algo mais saboroso.

No almoço fiz muita redução e pouca substituição, mas o equilíbrio estava todo diferente. Salada enche sim a barriga, e não é tão cara assim. Levando em conta que se consome menos arroz e batata (algo que eu tinha em casa quase todo dia), a conta no mercado não se elevou muito. Preparar um almoço ou jantar saudável, com sabor, requer muito mais criatividade e vontade do que dinheiro e tempo. O tempo antes gasto mexendo panela agora era usado para picar o repolho e ralar a cenoura. O tal brócolis no vapor virou meu melhor amigo.

FAZER O IMPOSSÍVEL

Algo que foi pouco trabalhado na minha mudança foram as bebidas, um erro que custou saúde, peso e alguns reais que não precisavam ser gastos. Era algo que sempre me levava ao exagero e ao consumo "não saudável". Minha dica é joga fora a bebida alcoólica, esquece o refrigerante. Demorei para fazer isso e indico a todos fazer o quanto antes. Se queremos perder quilos, ter uma vida saudável e servir de exemplo, não dá para pôr para dentro do estômago um monte de coisas que sabemos que é viciante e prejudicial à saúde.

A ideia não é só substituir o cardápio, mas também o peso do prato e o líquido do copo. Comendo mais frutas e saladas, a sensação de fome, antes de cada refeição, era muito menor. Bebendo sucos e água, a saúde só melhora. Sabemos que um profissional vai indicar certo tipo de comida e restringir outro, vai cortar a cerveja e indicar um chimarrão, fazer essa mudança por conta própria dá uma enorme sensação de vitória, vale muito o esforço, que acaba sendo mais comportamental do que financeiro.

A pergunta que você deve se fazer é: "se quero mudar de vida, porque vou me enganar?". Fazendo uma mudança por conta própria assim, os resultados serão satisfatórios não só na balança. O bolso agradece, os familiares e amigos veem diferença. Não precisa levar marmita de casa, basta pôr cor no prato e trocar de copo. Não seja radicalista com o que vai consumir. Use o bom senso!

Prós:

😊 maior variedade de sabores do cardápio;

😊 melhor funcionamento do organismo;

😊 economia em relação a lanches e doces;

😊 maior facilidade em manter a disciplina;

😊 exemplo de alimentação saudável;

😊 aceleração na perda de peso e no ganho de massa muscular;

😊 mais vitaminas ingeridas.

Contras:

☹ necessidade de estudar certos efeitos de alimentos no organismo (eu não conhecia a granola);

☹ busca de receitas na internet;

☹ tempo de preparo;

☹ valor de alguns itens no mercado;

☹ refeições fora de casa podem ser desconfortáveis.

Considerando o resultado desejado, vale a pena essa mudança. Você aprende muito sobre o funcionamento do corpo e a função dos nutrientes ingeridos, não precisa fazer um curso superior, apenas ter uma noção além do básico. É muito fácil e potencializa os resultados. Sem falar que, se quer ir além da perda de peso, ultrapassando a média das pessoas, é uma forma boa para começar a nova vida. Vai ter dias de pizza? Sim, mas o sabor vai estar diferente, porque não viverá mais para comer, mas comerá para viver.

Acompanhamento com nutricionista

Eis o modelo considerado por muitos o mais difícil de se adaptar. Alguém vai dizer para você comer meia colher de arroz e uma cenoura ralada com um peito de frango grelhado, beber um copo de suco de couve com laranja e nada de doces depois das cinco da tarde. Ouvir isso pode ser um pesadelo, e nem falei da parte mais interessante, os nutricionistas não estudam e trabalham de graça, eles cobram pelo serviço prestado. É um absurdo!

Brincadeiras à parte, um nutricionista não é só direção e restrição. Minha falta de conhecimento sempre me deixou com um pé atrás na hora de ouvir seus concelhos, até que um dia resolvi mudar de vida e, durante o processo, fiz amizade com uma nutricionista,

FAZER O IMPOSSÍVEL

que me deu muitas dicas e tirou dúvidas que foram surgindo com o passar dos dias. Nós treinávamos no mesmo horário, e era grande o número de pessoas que conversavam com ela. Como não sou bobo, aproveitei a oportunidade para aprender.

Ter a noção básica é simples, todos somos muito intuitivos com a grande maioria das refeições e cardápios, mas a questão principal é que o nutricionista estudou anos para poder dizer qual a diferença entre os tipos de carboidrato. E saber isso é muito importante. Dependendo do tipo de rotina e treino que fizer, vai precisar de energia num momento específico diferente das pessoas com quem convivem. Por isso que um estudo em casa vai te dar uma boa luz na hora de remodelar o cardápio, mas só com um nutricionista é que terá a certeza de estar consumindo algo que vai apenas favorecer os resultados.

Na hora de escolher o profissional que vai ajudá-lo, é importante estar ciente de que o valor pago nem sempre é sinônimo de qualidade no acompanhamento. Quanto mais detalhes tiver a conversa de vocês, mais próximo do "perfeito para você" será. Então, a receita passada em dez minutos não vai ter a mesma eficiência daquela feita após alguns exames e uma lista enorme de perguntas sobre a sua rotina e os resultados esperados.

Contratar um profissional e não seguir suas recomendações é como pagar academia e não treinar, não faz sentido. Portanto esteja ciente de que alguns alimentos exóticos podem estar no seu cardápio a partir de agora. O preparo e o consumo de grãos, farinhas, legumes e hortaliças pode ser desafiador, mas o resultado se mostrará em poucos dias. Acredite, uma semana de alimentação pensando na pele, nas articulações e nos músculos faz uma grande diferença.

Pesquise por conta própria, há nutricionistas especializados até em fertilidade. É isso mesmo! Se a alimentação tem impacto até na fertilidade, imagina no peso e na energia do corpo. Não adianta delongar esse tópico, um bom nutricionista é a melhor opção na hora de decidir como se alimentar.

Prós:

🙂 maior confiabilidade no cardápio;

🙂 melhor distribuição dos nutrientes;

🙂 melhor resultado da perca de peso;

Contras:

🙁 investimento financeiro;

🙁 custo com alimentos pode aumentar significativamente.

Vou ilustrar uma situação para vermos a "pequena" diferença entre dois tipos de acompanhamento de nutricionista, aí você decide o quanto quer fazer por conta própria ou o valor que vai investir na alimentação. Imaginemos três versões suas. Todas com as mesmas medidas corporais, rotina de trabalho e treino, horas de sono e alimentação. São tão iguais que até gripadas ficam ao mesmo tempo, e com a mesma intensidade.

Um belo dia vocês acordam diante de uma necessidade, perder peso. Não é algo apenas estético, a saúde está comprometida, e algo precisa ser feito para mudar o cenário. Todas concordam em cortar o açúcar e refrigerantes e começam a fazer caminhadas. A diferença é nítida nas primeiras semanas, mas querem algo mais significativo. Todas fazem uma boa autoanálise e mudam por completo a alimentação. Com as refeições mais equilibradas e as caminhadas frequentes, os resultados dão um salto, porém uma versão ainda está insatisfeita. Quer se destacar das outros e investe em um nutricionista que lhe passa uma lista com base no seu dia a dia. Essa perde mais peso na semana seguinte, pois não tinha percebido que uma porção maior de proteína estava sendo consumida na refeição errada.

FAZER O IMPOSSÍVEL

As três já não estão mais iguais, e a terceira decide investir ainda mais, faz uma consulta médica mais profunda. Os exames mostram que estavam sobrando vitaminas pela manhã e faltando à noite e que o ritmo cardíaco do exercício físico estava longe do ideal para a perda de peso. Ela faz os ajustes necessários, e os resultados ficam exponenciais.

Em poucas semanas, temos três versões diferentes. A primeira perdeu peso? Sim, muito, afinal mudou a alimentação e iniciou a prática de exercícios. A segunda perdeu mais peso, pois corrigiu falhas não vistas antes. E a terceira? Por que perdeu mais peso? Come as mesmas coisas, faz a mesma uma hora de caminhada. Onde está a diferença? Está no estudo feito pelo profissional.

Ilustrei superficialmente, com as palavras de um leigo; na realidade o profissional simples pode ser ainda mais simples, e o completo ainda mais completo. A questão é que o conhecimento adquirido, ao longo de anos de estudo, e a análise feita de forma individual bem de perto vão colocá-lo numa direção que maximizará os resultados de uma forma não alcançada quando feita sem ajuda.

Não quero desanimá-lo a começar algo simples. Eu mesmo não pude fazer esse acompanhamento completo e consegui perder muito peso. A questão é, você tem condições de investir? Invista, seu corpo, sua saúde. Melhor do que gastar com médicos e remédios tratando alguma enfermidade, não é?

Muito importante na alimentação é lembrar seu propósito e sua meta. Não precisa se sentir diminuído se não tem condições de contratar um nutricionista. Se fizer algo de maneira pensada e visando melhorar, o resultado virá, o que vai mudar é o tempo que de cada caminho. Pense comigo, uma corrida de dez quilômetros vai durar mais tempo do que uma caminhada de cem metros.

Então não fique preocupado com a luta do vizinho, ele tem a dele, e você tem a sua. Se a sua meta estiver clara e você fizer o mínimo que precisa ser feito, já será suficiente para viver algum resultado.

EXERCÍCIOS FÍSICOS

Eu achava que precisava perder o máximo de peso até o final do ano (na época menos de cinco meses), e para isso pretendia investir pouco dinheiro e muito tempo, então uma mudança drástica na alimentação foi fundamental. Tive ajuda em casa e pude me exercitar fora.

Esse é um assunto um tanto polêmico, pois há quem diga que academia é coisa de quem é da "maromba", muitos zoam os "crossfiteiros", e é difícil encontrar quem dê apoio aos atletas de parque (o cara que corre ou pedala sem frequentar um estabelecimento com instrutores). Ciente da minha demanda, e deixando totalmente de lado qualquer opinião alheia, fiz minha pesquisa, minhas contas e decidi treinar no box de crossfit que tinha na cidade onde eu morava.

Alguns anos atrás (olhando da perspectiva de quando estava acima do peso), eu era bem atlético, não estava muito acima da média, mas pedalava com frequência e tinha braços fortes. Trabalhei pesado algumas vezes e obtive resultados fracos, mas ainda assim resultados.

Em ouras palavras, mesmo sedentário, sabia qual seria o nível de suor na testa necessário para chegar a algum lugar, qual seria o tamanho da dor. Falar sobre essa dor muscular é algo natural para muitos, mas se esquecem de explicar aos leigos. Lembro-me de quanto isso me perturbava no passado, sentir dor? Será que só assim para "chegar lá?" Sim. Só com dor o corpo se transforma.

A dor de treinar o corpo não é como a pancada no músculo quando caímos, não é como a dor de um nervo fora do lugar, nada

FAZER O IMPOSSÍVEL

a ver com dores no joelho. A dor que buscamos no exercício físico é aquela localizada no músculo trabalhado. Não é uma fisgada repentina, é o corpo ficando lento e fraco conforme faz as repetições. Essa dor transforma.

Todo local supervisionado por um profissional de educação física vai cuidar para a única dor que você sinta seja a dor do músculo realizando algum trabalho. Seja no levantamento de peso, seja no treino funcional, não podem (e não vão) deixar você fazer as coisas com qualquer postura ou qualquer sobrecarga sobre as articulações. A ideia de "se matar em treinar" muitas vezes é distorcida. O ponto a pensar é **você está ciente de que ninguém vai se esforçar por você?**

A frase "No pain, no gain", que pode ser traduzida simplesmente, "sem dor, sem ganho" é um resumo do "realizado x recebido". Se ficar no sofá, vai engordar aos poucos; se fizer caminhadas, vai manter o peso com facilidade; se correr no parque ou esteira, vai perder mais peso e ter mais energia... e por aí vai.

Quanto maior for seu esforço, mais rápido o resultado vai aparecer. Seja qual for o exercício da sua escolha, ele precisa causar dor nos músculos, os batimentos cardíacos precisam estar sob controle, e o suor precisa escorrer. Agora é com você, treine seu cérebro para ter a determinação necessária, e não desista.

A escolha de um meio que leve você ao objetivo não precisa ser a única forma, mais adiante falo daquelas a que tive acesso, talvez sejam as mais populares. Considerei a bicicleta, a corrida, o crossfit e a academia, mas não descarto os esportes de quadra, de piscina ou campo, coletivos, em dupla ou individual, ou qualquer rotina que proporcione misturá-los.

Não tenho vivência para falar sobre todos, mas independentemente da sua escolha, seja fiel à prática desse exercício e continue buscando o resultado, fugindo das desculpas e autossabotagens. Nossa intenção é alcançar uma vida mais saudável, com um corpo mais saudável, e mantê-lo para fins maiores do que o ego.

Mesmo que a alimentação seja muito ruim, se você mantiver alto esses três pontos: dor muscular constante (articulações e nervos protegidos), controle dos batimentos cardíacos e suor lavando o chão, a perda de peso vai acontecer. Pratique atividade física sem se machucar e não tenha medo de suar.

Vou compartilhar um pouco sobre os meios aos quais tive acesso para me exercitar.

Bicicleta

A bicicleta, tão simples em sua essência, é uma fonte inesgotável de paixão e transformação. Ela reúne almas diversas, desde motociclistas apaixonados até marombeiros em busca de um novo desafio. É uma simbiose entre a beleza da máquina de duas rodas e a realização dos treinos intensos, registrados muitas vezes não apenas nos músculos, mas também em fotos de bicicletas cobertas de lama em locais remotos. A magia está na paixão que une essas pessoas, na forma como abraçam o estilo de vida que a bicicleta oferece.

No mundo dos ciclistas, podemos identificar dois grupos distintos: os unidos, que compartilham a jornada e celebram as conquistas coletivas, e os lobos solitários, que se aventuram nas estradas por conta própria, em busca de introspecção e autoconhecimento. Essa variedade de abordagens é uma das belezas do ciclismo, oferecendo a liberdade de escolher o ritmo que melhor se alinha a nossa personalidade e objetivos.

Que liberdade é essa que a bicicleta proporciona? É a liberdade de escolher o caminho menos percorrido, de se perder nas paisagens e descobrir um mundo novo em cada pedalada. A liberdade de se superar a cada subida íngreme, de sentir o vento acariciar o rosto em descidas vertiginosas. A liberdade de se desconectar das preocupações do cotidiano e se conectar consigo mesmo, com as duas rodas como guia.

FAZER O IMPOSSÍVEL

Entretanto, para ingressar nessa jornada, a primeira pergunta que surge é: "como adquirir uma bicicleta?". Para muitos, o fator financeiro pode ser um obstáculo. Adquirir uma bicicleta de qualidade pode ser um investimento, e muitas vezes é preciso um planejamento cuidadoso. Se você sente que a bicicleta é sua verdadeira paixão, não deixe o preço ser um empecilho definitivo. Pesquise, busque diferentes opções, converse com vendedores experientes e, mais importante, conecte-se com a comunidade ciclista local. A troca de experiências e conselhos com os veteranos do pedal pode ser inestimável.

Ao buscar a bicicleta perfeita, não se limite às necessidades presentes. Lembre-se de que você está embarcando em uma transformação de vida, e ela deve ser um parceiro duradouro, independentemente da intensidade dos seus treinos. Quando o ritmo acelera, quando você sente a energia da mudança, sua bicicleta deve estar pronta para acompanhá-lo na jornada, seja ela suave ou desafiadora.

Falando em ritmo acelerado, não estou apenas me referindo ao pedalar vigoroso. A bicicleta traz uma nova cadência à vida como um todo. A energia interna, antes operando a 110 volts, de repente flui a 220 volts. Os meses passam, e você se encontra imerso em uma conversa sobre corrente trifásica. A bicicleta é o motor que potencializa essa transição, acelerando o ritmo da vida de maneira imprevista e emocionante.

Porém, a escolha da bicicleta não é apenas uma questão de marca ou modelo. Estamos falando de uma parceria entre você e o veículo, uma aliança que influenciará todas as dimensões da sua vida. Portanto, não adquira um modelo mediano apenas para deixá-lo negligenciado quando atingir um objetivo. Considere um que o convide a pedalar diariamente, que seja um lembrete constante do seu compromisso com um estilo de vida saudável e ativo.

Essa escolha não precisa se traduzir em um investimento exorbitante. Não estou defendendo que você adquira uma bicicleta de cinco dígitos. Por outro lado, também não espere que a mais simples da loja o leve ao topo daquela colina desafiadora. O equilíbrio está em encontrar um modelo que atenda às suas necessidades e à sua ambição de explorar novos horizontes.

Enquanto compartilho minhas experiências, gostaria de salientar que, no meu caso, o foco não era competitivo. Eu desfrutava de passeios descontraídos nos finais de semana, geralmente de 10 a 20 quilômetros. Em um período da minha vida, trabalhei na recepção de uma renomada loja de bicicletas na cidade. Lá, meu conhecimento se expandiu. Aprendi a importância de escolher a bicicleta adequada, de selecionar as peças mais compatíveis com a rotina, do vestuário e do capacete para garantir a segurança.

As nuances que fazem toda a diferença na experiência do ciclismo devem ser exploradas e discutidas com especialistas. É crucial se aprofundar nas características e nas especificidades da bicicleta que você planeja adquirir. Essa busca pelo entendimento vai pavimentar o caminho para uma jornada segura e bem-sucedida sobre duas rodas.

Em minha própria jornada, a questão financeira acabou sendo um fator limitante. Eu buscava uma bicicleta que fosse resiliente e leve, adequada para uma prática intensa e regular. Entretanto, essa escolha não se encaixava no meu orçamento na época. Olhando para trás, percebo que essa limitação foi mais uma escolha financeira do que uma impossibilidade. Se minhas circunstâncias permitissem, teria sido um investimento que valeria a pena, especialmente à luz da minha atual determinação em manter uma rotina de treinos.

Para aqueles cujas condições financeiras permitem, e cujo coração ressoa com a afinidade pela bicicleta, lembre-se de que, mesmo nesse contexto favorável, é importante adotar uma abordagem cuidadosa. Tomar uma decisão informada é crucial, assim como testar as águas antes de mergulhar de cabeça. Do mesmo modo que as academias oferecem aulas experimentais, considere

FAZER O IMPOSSÍVEL

alugar ou pedir emprestada uma bicicleta para fazer um teste prévio. Avalie os prós e contras, considere as demandas físicas e mentais que a jornada de ciclismo exigirá.

A bicicleta é muito mais do que um meio de transporte ou um equipamento esportivo; ela é um veículo de transformação. Ela nos proporciona liberdade, nos conecta com a natureza e conosco mesmos de maneira profunda. A jornada começa com a escolha certa, mas não termina aí. Ela se desdobra a cada pedalada, a cada curva, a cada desafio superado. Portanto, não subestime o poder de uma simples bicicleta, pois ela é capaz de desbloquear um mundo de possibilidades e aventuras.

Prós:

🙂 autonomia de rota;

🙂 liberdade para escolher companhias;

🙂 horário flexível;

🙂 aumento na resistência muscular;

🙂 baixo risco para as articulações;

🙂 aceleração do metabolismo.

Contras:

☹ custo de manutenção;

☹ roupas e acessórios de segurança (muitos grupos exigem);

☹ sujeito ao clima;

☹ grande risco de autossabotagem (amanhã eu vou);

☹ motoristas desrespeitosos.

Corrida de rua

Outra alternativa que considerei foi a de incorporar a corrida ao meu regime de exercícios, explorando as trilhas do parque local. No entanto, apesar de ter estabelecido uma rotina inicial, faltou--me foco, determinação e metas claras. Eu estava acompanhando os resultados por meio de um aplicativo gratuito que rastreava a duração e distância dos exercícios. A tecnologia, por si só, parecia suficiente.

No entanto, enfrentei um desafio inesperado. Nos primeiros dias, enquanto corria, me deparava com amigos em todos os lugares. Minha rota coincidia com áreas movimentadas, repletas de música, aromas tentadores de comida e até o cheiro tentador de cerveja. Era uma ocorrência comum, dois ou três amigos me chamarem pelo nome, convidando-me a parar de correr e "tomar uma". Embora eu nunca tenha cedido a esses convites, esse constante chamado abalou significativamente meu estado mental.

Correr solitariamente, ditando meu próprio ritmo e distância, trouxe incerteza à minha prática. A rota da minha casa até o parque mais próximo tinha cerca de três quilômetros, com uma volta completa no parque acrescentando mais um quilômetro. Isso resultava em dias em que eu simplesmente corria até o parque e voltava para casa em uma hora, enquanto em outros, completava duas voltas no parque e estava de volta em casa em 40 minutos.

A inconsistência era evidente. Não consegui visualizar os resultados que desejava. Minha falta de experiência e, talvez mais importante, de humildade fez com que essa excelente opção de treinamento durasse apenas algumas semanas, apesar de não requerer mais do que um par de tênis. O conselho oferecido por especialistas em diversos canais de mídia social, independentemente do nível atlético, provou-se valioso. Reconhecer a própria ignorância é o primeiro passo para aprender. Buscar ajuda, seja aonde for, coloca as ferramentas certas em suas mãos.

Correr não é apenas acelerar a caminhada e avançar. Exige um conjunto de atenções, desde a respiração até a distância da passada, a altura de elevação dos pés e a postura do quadril. Embora possa parecer um amontoado de detalhes, as informações essenciais estão prontamente disponíveis na vastidão da internet.

No meu caso, negligenciei esses cuidados cruciais, e isso resultou em um desgaste excessivo no início de cada corrida e dores persistentes nos joelhos após cada sessão. Meu padrão de respiração era irregular e desconfortável. Hoje, sou grato por ter encontrado um canal no Telegram que corrigiu muitos dos maus hábitos que adquiri.

Outra lição que aprendi foi a importância do tênis adequado. A escolha não pode ser feita apenas com base no modelo mais popular, pois as comissões dos vendedores podem influenciar esse tipo de recomendação. Tive a sorte de ser guiado por um vendedor atencioso, que me explicou a construção e o propósito de cada modelo que experimentei.

"É um tênis para uma maratona, corrida casual ou só treinamento regular?". Uma série de perguntas me foi colocada. Após uma conversa aprofundada, experimentei diferentes modelos e caminhei alguns minutos com cada um para tomar a decisão final. Essa abordagem personalizada não apenas me ajudou a escolher o tênis certo, mas também cultivou uma relação de amizade e confiança. Quanto ao preço, estava dentro da média dos valores encontrados na cidade.

A paixão que desenvolvi pela corrida é um sentimento genuíno e me proporciona uma imensa satisfação. Cada modalidade do esporte, embora aparentemente simples, apresenta seus próprios desafios. Recordar minha melhor marca pessoal, de duas horas e quatro minutos em uma meia maratona, é uma fonte de alegria incomparável. Lembrar essa realização enquanto comparo com o passado sedentário é uma experiência gratificante.

Prós:

🙂 autonomia de rota;

🙂 liberdade para escolher companhia;

🙂 horário flexível;

🙂 aumento na resistência muscular;

🙂 aceleração do metabolismo;

🙂 baixo custo com roupas e acessórios.

Contras:

🙁 sujeito ao clima;

🙁 grande risco de autossabotagem (amanhã eu vou);

🙁 motoristas desrespeitosos;

🙁 impacto nas articulações.

Crossfit ou treinamento funcional

A jornada da transformação pessoal é uma trilha repleta de desafios, obstáculos e, muitas vezes, ceticismo vindo dos que nos rodeiam. Minha própria experiência como **crossfiteiro** é um testemunho vivo de como é possível superar todas essas barreiras e descobrir uma força interior que muitas vezes subestimamos.

As provocações e zombarias vindas de "amigos" eram como pequenas pedras lançadas contra um muro inabalável. Ouvir os risos e questionamentos sobre minha escolha, uma opção que parecia exótica para muitos, apenas fortaleceu minha determinação em provar a todos, incluindo a mim mesmo, que o resultado era possível. Com a cabeça erguida e o coração repleto de convicção, comecei a trilhar um caminho que me levaria a uma transformação física e mental impressionante.

FAZER O IMPOSSÍVEL

Foi por meio de uma série de exercícios aparentemente simples, como pular corda, agachamentos e saltos em caixas, que testemunhei a mágica acontecer. Trinta quilos foram deixados para trás, uma façanha que nunca imaginara ser possível tão rapidamente. Minha resistência na corrida aumentou, me tornei forte o suficiente para executar barras e flexões de braço com facilidade. Tudo isso em um período de três meses, com treinos regulares três vezes por semana.

O crossfit não é apenas um treinamento; é uma filosofia de vida que envolve determinação, esforço e superação contínua. É uma abordagem holística que desafia cada fibra do seu corpo e mente. Talvez seja por isso é muitas vezes percebido como mais caro em comparação com academias tradicionais. No entanto, essa percepção está longe de ser um obstáculo. A verdade é que o valor investido se traduz em um compromisso sólido. O custo serve como um lembrete constante da responsabilidade que assumimos para conosco mesmos.

Uma das características marcantes do crossfit é a ausência de dias específicos para exercitar partes isoladas do corpo. A cada dia, você se depara com um circuito complexo que exige sua dedicação até a última fibra muscular. Esse desafio é realizado dentro de um tempo pré-estabelecido, forçando você a se superar a cada sessão. Não existe espaço para desânimo ou falta de esforço; você é constantemente incentivado a superar suas próprias limitações.

Esse circuito desafiador não é algo que se faz sozinho. É projetado para ser executado em grupos; cada membro reveza nos exercícios ou os executa simultaneamente. A maioria dos exercícios utiliza o próprio peso do corpo como resistência, nivelando todos os participantes e tornando a jornada de suor e superação uma experiência compartilhada. Do novato ao experiente, todos enfrentam desafios semelhantes e alcançam vitórias conjuntas.

Minha experiência com o crossfit foi tão impactante que não hesito em recomendá-la a todos que cruzam meu caminho. No entanto, há um detalhe que muitas vezes omito: meu primeiro dia foi um desastre total. Quando enfrentei os exercícios propostos pela primeira vez, me vi deixando metade incompleta, realizando adaptações ou optando por uma versão simplificada. As dúvidas se infiltravam, e eu observava os outros com vontade de desistir, mas, em todos esses momentos, sempre havia alguém disposto a me apoiar.

Ao finalizar meu primeiro WOD (**Workout of the Day** - Treino do Dia), eu estava encharcado de suor, meu corpo clamava por descanso, minha respiração estava ofegante, e meu coração parecia querer escapar do meu peito. No entanto, ao entrar no box para a segunda aula, estava repleto de entusiasmo e determinação, pronto para superar os marcos do meu primeiro dia. Tomei dois baldes de gelo, que representaram mais do que eu imaginava.

O primeiro balde de gelo veio na forma de um conselho valioso. Meu coach percebeu que minha respiração estava descontrolada e estava afetando minha performance. Seu puxão de orelha foi um lembrete de que a respiração é uma parte fundamental de qualquer treinamento e que eu precisava cuidar dela de maneira adequada. O segundo foi o fato de que o treino seria diferente do meu primeiro dia. Embora meu entusiasmo esperasse um desafio semelhante, fui informado de que todos os dias traziam uma nova série de exercícios.

Com o tempo, os treinos foram se tornando mais familiares. No entanto, a dificuldade persistia nos detalhes: no número de repetições, no cronômetro que contava cada segundo e na competição velada de me equiparar aos mais experientes. As lembranças desses dias de superação, em que literalmente renasci para uma vida repleta de cores, sabores e uma rede de apoio vibrante, me enchem de alegria até hoje.

Porém, nem tudo foi só vitórias, sem obstáculos. Um dos maiores desafios que enfrentei foi a falta de metas claras e um propósito bem definido. Embora os resultados tenham superado as expectativas de todos, percebi que meu ego inflou mais do que deveria. A ausência de uma orientação precisa e a confusão do propósito verdadeiro me derrubaram com força. No entanto, isso apenas me mostrou a importância crucial de ter metas sólidas e um foco determinado.

Com apenas dois meses de dedicação intensa ao crossfit, percebi que meu progresso já estava atraindo olhares e perguntas curiosas de muitas pessoas ao meu redor. As conversas se voltavam para minha dieta, rotina e até mesmo meu Instagram. No entanto, em meio a esse reconhecimento, minha ênfase se voltou novamente à importância de manter os olhos na meta e no propósito.

É importante ressaltar que essa narrativa sobre os três meses iniciais da minha jornada no crossfit é apenas o começo. Há muito mais para explorar nesse tópico. Nos próximos capítulos, mergulharei mais fundo em aspectos amplos e significativos que moldaram minha transformação física e mental.

Prós:

- 🙂 treino não usa carga extra (exceto no LPO);
- 🙂 grupo participam da mesma aula;
- 🙂 grande melhora cardiorrespiratória;
- 🙂 baixo custo com roupas e calçados;
- 🙂 grande aumento na resistência muscular;
- 🙂 aceleração do metabolismo;
- 🙂 fortalecimento sem focar um músculo específico.

Contras:

- 🙁 valor da mensalidade;
- 🙁 horários fixos;
- 🙁 disciplina.

Academia

Tive uma breve experiência em academias. Fiz amizade com alguns profissionais e digo que é normal chegar a um certo ponto em que se questiona por que estar levantando peso. Parece algo sem sentido. E é aí que mora um grande perigo. Você não vai simplesmente levantar pesos na academia, tenha em mente que vai contrair e relaxar seus músculos com carga localizada, movimentando com postura e ritmo supervisionado por um profissional.

O treinamento muscular em uma academia tem o objetivo mais claro de todas as modalidades que citei. Com uma bicicleta, você pode ir de um simples passeio para melhorar a circulação sanguínea até competições. Na corrida é o mesmo panorama. O treinamento funcional vai deixar o corpo mais forte e resistente, mas há uma linha invisível entre o nível de dedicação dos amadores e dos profissionais. E na academia?

Não importa se você quer apenas perder uns quilos ou se deseja entrar no mundo do fisiculturismo, todos ali estão contraindo músculos específicos em busca de objetivos particulares. A dor que transforma. Não tem como apresentar essa opção sem falar a verdade. Se você treina em uma academia e não cansa os músculos, não terá grande resultado.

Existem diversos treinos, grupos musculares e tipos de acompanhamento. A melhor maneira de construir o corpo que deseja é com um diálogo aberto com o profissional que vai acompanhá-lo. Mesmo que não pague um personal trainer, haverá alguém para lhe dizer o que fazer, então essa pessoa precisa saber que tipo de corpo você quer construir.

O profissional contratado pela academia vai dar um suporte padrão, com os demais que estão buscando seu **shape** particular. Pode parecer que você está sozinho e que vai fazer tudo errado no começo, mas, mesmo que haja muitas pessoas para serem supervisionadas, ninguém fica sem instrução e ajuda.

Se você ouvir as "poucas" instruções, já terá um resultado muito grande, pois os profissionais estão sempre corrigindo a postura errada e incentivando o progresso saudável. Contratar um personal não vai mudar muita coisa no seu primeiro mês de treino, foco e determinação não se compram nem se alugam.

Numa academia vai ter todo tipo de porte físico, não se sinta inferior ao cara que treina há dez anos, nem superior ao que está numa situação mais delicada que a sua. Se você quer ser um vencedor, só existe um caminho, treine conforme orientação e foque a hipertrofia. A única interação que considero válida é a troca de experiência, aprender com os veteranos e apoiar os novatos.

A simplicidade e segurança de uma academia tendem a levar os iniciantes ao tédio ou desânimo com os treinos, cuidado com isso. Todo treino deve ser levado a sério, a panturrilha precisa de atenção também, não adianta pular o dia de perna, nem querer sobrecarregar o bíceps para alimentar o ego. Mesmo que seja simples, treine da maneira correta.

Ajuste sua expectativa conforme as semanas forem mostrando os resultados e dedique-se. Antes de tudo, faça uma aula experimental, conheça academias diferentes para se ambientar e tirar as dúvidas sobre os treinos e rotinas que oferecem. Apesar das diferenças, há uma frase, que já citei, de concordância de todas, sem dor, sem ganho.

Prós:

😊 flexibilidade de horário;

😊 fortalecimento muscular;

😊 aceleração do metabolismo;

😊 grande ganho de massa muscular.

Contras:

☹ dor localizada em músculos treinados;

☹ facilidade em se autossabotar (precisa fadigar o músculo);

☹ horários de pico lotam o lugar, aí pode demorar o treino.

Personal trainer ou coach

Acredito ser importante falar sobre o acompanhamento de um profissional de forma particular no seu treino. Em qualquer esporte ou exercício físico que fizer, haverá a possibilidade de contratar alguém para acompanhá-lo em tempo integral. É uma OPÇÃO que vai intensificar o treino conforme pacote de serviço oferecido.

Já conheci todo tipo de **coach**. Certa vez ouvi de um amigo que ele tinha o compromisso de correr com um aluno, perguntei e ele confirmou. "Sim, personal trainer para ajudar a melhorar a corrida. Corre junto para observar as falhas e explorar melhor o potencial em subidas e terrenos acidentados".

No crossfit tinha uma dupla que fazia treinos pesados juntos, mas um era aluno e o outro professor, que recebia para acompanhar de perto a execução. No ciclismo não é diferente; se não quiser pedalar em grupo e optar por intensificar o treino, pode procurar um amigo ou um profissional que vá junto.

Recentemente tive uma conversa curta, porém muito edificante, com um amigo que é fisiculturista. Falamos sobre o acompanhamento de personal trainer que ele oferece. Imaginava ele me dando suporte durante os treinos já estabelecidos, montando as cargas e berrando no meu ouvido "força frango". Brincadeiras à parte, pensei que era algo simples e básico. Esse tipo de acompanhamento é algo que vi e ouvi falar diversas vezes, ele existe e é mais caro do que eficiente. Um amigo pode treinar junto e dar

FAZER O IMPOSSÍVEL

a você o mesmo suporte. O verdadeiro serviço de personal trainer vai além dos pesos levantados.

O pacote inicial que meu amigo oferece são três meses de treino totalmente adaptado conforme fotos e medidas que indicam a verdadeira necessidade do seu corpo. Ele está junto em quase todos os treinos e pede vídeo dos treinos em que não está.

Ninguém mais estará fazendo exercícios 100% iguais aos seus. Nossa individualidade é tão profunda que os braços e as pernas têm força e tamanho diferente entre o da esquerda e o da direita. E o treino é passado a fim de igualar, não só fortalecer.

É mais completo do que estou descrevendo, mas digo isso apenas para dar uma noção da diferença entre o serviço oferecido pelos profissionais. Assim vai ser mais difícil um iniciante em treinos se iludir ou se deixar ser enganado.

Já que estamos no assunto de forma mais direta, independentemente do exercício ou esporte, converse com alguém que estudou o funcionamento motor do corpo humano. Vai correr sozinho no parque? Fale com alguém antes, exponha sua necessidade e meta. Peça ajuda e informação para que tenha o mínimo de instrução.

O profissional de educação física pode dar dicas muito boas e desestimular qualquer prática desnecessária ou perigosa. Posso afirmar que é possível esse tipo de contato mesmo sem frequentar uma academia. Você pode contatar um amigo que seja formado na área ou que conheça alguém, o importante é ter uma conversa antes de começar algo.

Prós:

😊 incentivo e apoio;

😊 ajuda exclusiva nos treinos;

😊 maior precisão de dados importantes;

😊 amizade para a vida toda;

Contras:

😖 valor do contrato.

Breve resumo sobre exercícios físicos

A busca por uma transformação física e um estilo de vida mais saudável é uma jornada que exige muito mais do que apenas praticar um esporte ou exercício ocasional. É necessário um comprometimento pessoal para abandonar o sedentarismo ou intensificar a prática atual, estabelecendo uma rotina equilibrada e consistente, sem desculpas ou excessos. Além disso, a alimentação adequada, o descanso apropriado e a dedicação ao exercício são elementos cruciais para alcançar os resultados desejados.

Engajar-se em uma atividade física e testemunhar as transformações em seu corpo pode ter um impacto profundo em sua mentalidade, comunicação e comportamento. No entanto, é fundamental ressaltar que, ao embarcar nessa jornada, é importante que as mudanças não afetem negativamente os relacionamentos existentes. Uma experiência pessoal me trouxe essa lição de forma muito clara, quando meu relacionamento foi abalado após minha perda significativa de peso.

O envolvimento em um esporte ou atividade física trouxe à tona uma nova versão minha, repleta de vitalidade e energia. Essa transição, embora positiva, por vezes causou apreensão naqueles que me cercavam. Minha redução de peso, minha disposição renovada e minha o círculo social foram aspectos que levaram a uma mudança perceptível. No entanto, o que não percebi imediatamente foi o impacto disso nos relacionamentos próximos.

Lidar com essa dinâmica é crucial para evitar que mal-entendidos e desavenças se transformem em conflitos. Um diálogo franco e aberto pode prevenir que as empolgações e alterações físicas gerem tensões desnecessárias. Além disso, a energia adquirida por meio da prática esportiva pode ser direcionada para melhorias nas tarefas do dia a dia, tornando a convivência mais harmoniosa.

Para aqueles que estão solteiros, é importante manter um equilíbrio ao explorar novas oportunidades. Embora a jornada de transformação pessoal possa atrair atenção de pessoas do passado, é fundamental evitar se iludir com situações que podem não ser genuínas. É vital lembrar que a verdadeira mudança reside em você, e o foco deve permanecer na sua própria evolução.

Independentemente da forma como escolher começar, é crucial compreender a seriedade dessa empreitada. Não permita que velhas desculpas ou procrastinações atrasem o início dessa jornada. O que importa é dar o primeiro passo sem hesitar, sabendo que há uma infinidade de opções disponíveis. Conforme mencionado, existem inúmeras modalidades de exercícios físicos, e cada uma delas oferece seus próprios benefícios. O essencial é começar.

A transformação começa dentro de você e é impulsionada por sua motivação, seu compromisso e seu esforço. Não espere por circunstâncias perfeitas ou apoio externo para dar início a essa jornada. A mudança real depende de sua ação e determinação. Portanto, não hesite mais. Comece agora, direcione seus esforços para o objetivo que deseja alcançar e trilhe o caminho rumo a uma vida mais saudável e gratificante.

NOVA ROTINA

Os primeiros dias serão extremos, pode ser que haja muita empolgação, ou vontade de desistir de tudo. Vai ser difícil, mas lembre-se de que toda caminhada começa com simples passos, não importa a distância a ser percorrida. Não volte atrás; se forem dias equilibrados, parabéns, você conseguiu algo que desejo a todos.

O desconforto ou a excitação são sintomas de alguém que sai da zona de conforto. Seus neurotransmissores estão lidando com muita coisa nova no corpo. Então reserve um tempo no seu dia para refletir e pensar com clareza sobre tudo que está acontecendo.

O sistema cardiorrespiratório está sendo reeducado com situações de esforço físico contínuo, em poucos dias não serão mais simples escadas que o deixarão ofegante. O metabolismo acelera, e o suor vai comprovar isso.

Com a alimentação saudável, o sistema digestivo vai trabalhar muito melhor. Isso ajuda com a energia certa na hora certa, e as compulsividades tendem a reduzir. A pele, as unhas e os cabelos ganham mais saúde, e de forma muito natural.

Dormir o mínimo recomendado fica mais fácil, o corpo cansado e o intestino leve ajudam a embalar o sono. Claro que um bom colchão é necessário, e o uso dele não deve ultrapassar o recomendado, oito horas de sono.

Estar ciente sobre essas coisas é importante, saber quais serão os impactos dará um preparo muito bom, logo os pontos negativos não terão tanta força. Conheça a força e a origem daquilo que o abala, e será mais fácil vencer o dia ruim.

FAZER O IMPOSSÍVEL

A chave de ouro sobre a nova rotina está em saber que será necessário muita disciplina e foco. Começar é importante, mas, se não mantiver o foco, a velha rotina toma o lugar da nova com facilidade. A nova rotina pode levá-lo ao desânimo ou a uma empolgação excessiva, a meta é o equilíbrio. Uma vida equilibrada.

O que aconteceu para eu ficar tão desanimado?

Algo que pode acontecer na nova rotina é o desânimo, a frustração ou um extremo desconforto em relação a tudo (ou só algumas coisas) que faz parte do dia a dia. Considerando a vontade de perder peso, é necessário encontrar forças para vencer esses obstáculos.

Eu mudei drasticamente da noite para o dia e sobrevivi, mas sei que, para algumas pessoas, o simples da vida vai estar em outras áreas. Não se sinta mal por se sentir mal, só não deixe de caminhar na direção que escolheu porque está difícil. O dia mal vem, vencer é fácil, é só não desistir.

Se está = difícil, veja se não foi muito radical o início, faça uma semana de adaptação, um dia coloque mais salada no prato, no outro diminua o refrigerante... troque aos poucos. Faça caminhada em dias intercalados, descanse uns dias, vá experimentando e aumentando as doses de vida saudável.

Considerando uma pessoa sedentária acima do peso, qualquer mudança na rotina vai abalar muito a zona de conforto. Todos passam por isso, uns persistem, outros desistem. Mesmo na dificuldade, mantenha a mente focada no plano inicial, com as metas e os propósitos.

A dor muscular dos primeiros dias pode ser desconfortável e fazê-lo pensar em tomar um relaxante muscular, não tome, ele vai eliminar o trabalho que as fibras musculares estão fazendo. O trabalho doloroso de reconstruir o músculo.

Com o passar dos dias, a dor passa de quatro (na minha opinião) para dois. O cérebro domina o corpo e passa a gostar dessa dor, sabendo que ela é sintoma de uma reconstrução desejada. É nos primeiros dias que deve mais atento às dores nos nervos e articulações. A única dor aqui que transforma é a dor muscular.

O desânimo em mim foi mais forte quando fiz apenas caminhadas. Corri uns dias seguidos, aí caminhei outros, aproveitei dois dias de chuva para ficar uma semana parado, foi um desastre. Não é falta de vontade, é falta de AÇÃO. A disciplina parece vir mais fácil quando temos uma mensalidade ou um parceiro de treino.

Fiz muito em poucos dias no princípio e não aguentei o desgaste físico. Não estou falando do início dos 90 dias, essa desistência foi antes, quando corri três dias seguidos depois de anos parado, teve determinação inicial, faltou disciplina, e sobraram desculpas para não correr mais durante algumas semanas.

Não importa o tamanho da insatisfação com o suor e as saladas, depois de uns dias, quando se olhar no espelho e perceber uma diferença, por menor que seja, a empolgação vai transbordar, a energia e a disposição para treinar vão contagiar todos que o virem brilhando de alegria.

O segredo é manter o foco, lembrar-se da meta, do propósito, e fazer mesmo sem vontade. Faça valer a pena e acredite no resultado, ele virá.

Tem problema estar muito empolgado?

Sim, tem problema. Segura a onda aí! Todo extremo faz mal. Se a empolgação está só em você, as pessoas não vão conseguir acompanhar seu ritmo, logo pode acontecer o mesmo que aconteceu

FAZER O IMPOSSÍVEL

comigo, mudar os assuntos favoritos, acelerar todas as atividades, esquecer que os problemas da vida continuam existindo e que quem está em casa não está recebendo altas doses de adrenalina. Aqui vem a parte da comunicação. Conversar, falar sobre essa alegria, passá-la adiante sem medo. Use a empolgação não só para aprimorar a qualidade dos treinos, mas também para melhorar a vida profissional; Mesmo que você seja bem-visto pelos colegas, funcionários, clientes ou fornecedores, mesmo que seja o dono de uma grande empresa. Mude para melhor!

Todos os ensinamentos deste livro estão pautados em princípios que levo em minha vida. E um que sempre pode melhorar é a disciplina. Use a empolgação para trabalhar isso na sua vida. Rotinas e procedimentos sempre podem ser repensados e aprimorados, mesmo que você seja apenas um funcionário de chão de fábrica. A empolgação pode e vai te dar ânimo em todos os lugares para ser alguém exemplar.

Há algumas frases boas para pensar sobre empolgação excessiva: "nem tudo que reluz é ouro"; "quando a esmola é demais, o santo desconfia"; "carro de arrancada não sabe fazer curva"; "cavalo paraguaio só é bom na largada", entre outras. São diversas formas de dizer que essa empolgação pode morrer na segunda semana, e você acabar nunca mais indo treinar nada.

Quero que me procure um dia dizendo "perdi os quilos que queria perder. Foi difícil, tive lutas e vitórias, mas não deixei de ser eu, não perdi o amor das pessoas que já estavam à minha volta e pude ajudar muitas pessoas pelo caminho". Meu receio quanto aos muito empolgados é ouvir "parei tudo depois de umas semanas, engordei de volta".

Fiz esse tipo de treino diversas vezes, e a frustração só aumenta com esse tipo de derrota. A dificuldade de recomeçar fica martelando o subconsciente, impedindo uma ação que mude de vez a situação.

Empolgue-se sim, mas não deixe essa empolgação ofuscar o brilho das outras pessoas. Não brilhe demais, pois ego em excesso só faz mal. E não deixe essa chama apagar, mantenha o foco. O equilíbrio vai levá-lo longe, com saúde e boas pessoas à sua volta.

Empolgação demais pode ser um combustível para compulsividades, então esteja atento à vontade de se compensar com um doce ou lanche, bebidas ou picos de preguiça. Não é porque você cabe em roupas menores que precisa sair comprando um guarda-roupas novo, acalme toda forma de consumismo.

O equilíbrio ideal

Se os extremos são prejudiciais, levar uma vida equilibrada é o caminho mais saudável. Porém, é fácil encontrar o equilíbrio? Nem sempre. Haverá situações em que vai estar nítido, tipo querer fazer o tal dia do lixo depois do primeiro treino. Dia do lixo não existe, mas faça uma premiação a você depois de umas semanas se alimentando corretamente e se exercitando regularmente.

Esse exemplo é apenas um dos erros que cometi no passado distante, acertei na minha melhor fase e hoje está nota 10. Porém, não adianta acertar um ponto e ficar errando outros dez. Tenha um bom controle financeiro, não compre nada desnecessário e tenha tempo de qualidade com as pessoas que moram com você.

As finanças só vão apertar quando não há uma boa gestão. Tá, mas este livro não é um guia para ajudar a perder peso? Sim, e como disse, não é deixando de comer que isso vai acontecer. Você só vai perder peso se fizer uma boa gestão do tempo de exercício, da alimentação e do sono, sem gastar cifras que não tem, mas aplicando recursos financeiros que antes iam para comidas e atividades que não agregavam saúde.

O gasto a mais (ou não) vai ser sentido conforme o estilo que adotar. A ideia continua sendo perder peso, mas pode haver uma economia financeira. Esse é um perigo para quem se empolga nas compras, é necessário ir se preparando para as próximas etapas da sua meta.

Lembra o quadro com os propósitos? É sempre bom manter o olho nele. Veja se o caminho não está se distorcendo. Pode acontecer com mais facilidade do que parece, não por desleixo seu, mas a realidade quase sempre será diferente da expectativa.

Pode acontecer de deixarmos de nos preocupar com certos assuntos e darmos muito foco a outros que não são tão relevantes. A empolgação em excesso ou o desânimo são combatidos com o foco propósito.

Foco não pode, ou pelo menos não deve, ser confundido com obsessão. Estar focado do início ao fim nessa caminhada requer (além de tudo que já foi dito), apoio familiar.

EQUIPE DE APOIO

Em Eclesiastes 4.10 diz: "Se um cair, o amigo pode ajudá-lo a levantar-se. Mas pobre do homem que cai e não tem quem o ajude a levantar-se". Com esse versículo quero ressaltar a importância de estar trilhando uma jornada com alguém que lhe dê apoio.

Quando fiz as escolhas que me levariam longe, minha companheira me deu total apoio, e não só isso, ela embarcou junto, o que foi muito positivo nos meus resultados e no nosso relacionamento.

Quanto às amizades, era difícil manter uma vida saudável com as pessoas com quem eu passava o tempo livre. Abraçar o novo círculo de amigos foi uma solução prática que me impulsionou. Como ser saudável se andamos com pessoas que não se importam com isso?

Recebi diversas formas de apoio e incentivo desses dois grupos, cada um no seu espaço e momento. Sem eles não teria ido tão longe, estiveram comigo durante dias bons e dias ruins. Não foi um mar de rosas, mas conseguimos superar as dificuldades quando voltávamos a focar as coisas realmente importantes.

A equipe de apoio NÃO deve ser composta pelos profissionais. A ajuda profissional é importante e soma muito, mas já falei que eles podem ser nossos amigos, devem ser nossos parceiros nas conquistas. A ideia aqui é garimpar uma rede de contatos.

Não vamos excluir ninguém da lista, mas, sejamos sinceros, nem todos que nos conhecem querem realmente pôr a mão na massa conosco durante a luta. Lembro-me de viver com um grupo numerosamente limitado, duas pessoas que estavam em dois grupos, família e amizade.

FAZER O IMPOSSÍVEL

Não se sinta sozinho caso tenha poucos amigos ou esteja sem companhia em casa. Na mesma moeda, não exagere com o tamanho do grupo, busque um equilíbrio. "Sozinho vamos mais rápido, juntos mais longe". Estar cercado de muitas opiniões pode fazê-lo perder o foco, e estar totalmente sozinho pode levá-lo a caminhos e meios que nada legais. Vivi uma realidade que pode ser a mais indicada. Na época era o que eu tinha, hoje busco algo muito parecido. Tinha minha companheira e um amigo no crossfit, os dois não se conheciam, mas me entendiam muito bem e deram o apoio que precisei nos dias difíceis. A visão deles parecia estar bem alinhada, e isso somou muito. A realidade no meu trabalho era totalmente oposta. A rotina e as prioridades dos meus colegas não me atraíam mais, por isso foi tão impactante ter apoio em casa e um amigo, que não me deixava faltar aos treinos. A mudança de mentalidade requer uma constância nas ações. Pensar saudável e viver sedentário não rola quando alguém se compromete a ajudá-lo.

Em casa

Como citei, o apoio em casa foi fundamental para mim. Foi ali que começaram as mudanças mais profundas, e eu tinha alguém a quem inspirar, ajuda com a alimentação e exercícios. Dormir e acordar num ambiente que respira e inspira saúde é um fator poderoso, sabemos que uma esposa ou um marido vai fazer grande diferença durante qualquer processo pelo qual venhamos a passar.

Lar é sobre isso, um ajudar o outro independentemente das circunstâncias. Dar as mãos e não soltar por nada. Afinal, conforme envelhecemos, todos seguem o próprio caminho, menos quem escolheu aliançar o próprio caminho ao seu. Erros com as pessoas que estão nesse grupo precisam ser evitados, e, quando acontecem, devem ser tratados com prioridade.

Para uma família ir bem, seus integrantes precisam ir bem também, isso não é novidade. Bom, para mim se tornou evidente com a chegada da minha filha. Eu não estava bem, não tinha bons hábitos, o que incluía alimentação, exercícios e vícios. As coisas foram acontecendo, meu olhar foi direcionado de uma forma ampla e profunda, alguma coisa precisava mudar com urgência.

Identificar a necessidade de uma mudança é um passo doloroso, pois gostamos de rotina, zona de conforto, sofá e comida saborosa. Dá para ter tudo isso e ser saudável, dá mesmo, basta direcionar e dosar cada momento. Lembro-me de ter lutado contra muitos sentimos e pensamentos quando comecei a perceber os detalhes.

Eu me senti o maior fracassado do mundo, minhas roupas não serviam mais, as fotos tinham sorrisos forçados demais, a comida tinha perdido o sabor. Uma mudança urgente era necessária, e aconteceu. Fui atrás de algumas dicas na internet e encontrei o suficiente para me sentir encorajado a começar. Começar pequeno, começar imediatamente.

Tive a iniciativa e não fiquei sozinho, desde a decisão de cortar o consumo de refrigerantes e doces até a elaboração de pratos complexos, visando sempre baixas calorias quem mantivessem o sabor. Dei o primeiro chute, e a bola rolou. Deu supercerto começar algo novo com alguém que tem disposição.

Quando era adolescente, fiz alguns cortes radicais que duraram pouco tempo. Certo ano fiquei muitos meses sem refrigerante, mas, como tinha acesso à bebida quase todos os dias, não deu certo. Todos da casa precisam estar dispostos. No caso que vivi, não mais adolescente, agora, já homem feito, tive apoio verdadeiro.

Se a sua realidade parece não permitir algo assim, use a inteligência emocional, não faça jogos ou chantagem, apresente a proposta de forma clara, frise pontos positivos para o coletivo, aponte as soluções para possíveis dificuldades que vão surgir, porque elas vão surgir. E sozinho fica difícil.

FAZER O IMPOSSÍVEL

Conduzir pessoas a uma alimentação saudável é muito simples, comece por você. Coma aquela salada que até ontem era intragável, tome chás e sucos em vez de muito café ou refrigerantes, o exemplo arrasta multidões. Toda alteração de cardápio que fizer, faça com alegria, e em pouco tempo você terá causado uma mudança real.

A ideia não pode ser imposta, deve ser vivida de forma leve e espontânea, caso contrário será uma tortura para todos, inclusive para você. Por isso, é mais fácil começar pelos cortes. Bebidas e comidas desnecessárias tendem a ser mais prejudiciais do que benéficas. Comece por aí, vai ter uma aceitação melhor.

Além da alimentação, outro fator muito importante é a prática de exercícios físicos regularmente. Sabemos que há dias e há dias. Nos dias ruins, precisamos de alguém que nos impulsione, ou voltamos ao sofá. É aí que muitas pessoas são pegas. Sair da frente do sofá, suar, fazer força, cansar o corpo aparentemente sem ganhar nada por isso é uma construção delicada e sofrida.

Mais uma vez, você precisa estar ciente das dificuldades e incentivar sem impor, não faça exercícios por competição, transforme em um momento de lazer a dois. A prática constante vai convidar a aumentar a intensidade dos treinos. Por exemplo, correr no primeiro dia 5 km vai ser sofrido, e no próximo dia não haverá vontade de sair de casa, mas e se for uma caminhada de 3 km no primeiro dia? 5 km no segundo e correr 1 km durante a caminhada no terceiro dia. Entende? Vá de forma progressiva.

Praticar exercícios não era nosso forte, mas também não era o fim do mundo, mesmo assim comecei sozinho. O ponto que quero destacar é o incentivo que recebi. Era difícil faltar à corrida, pois me expulsavam de casa: "vai correr!".

Em pouco tempo, estava mais magro. Pouco tempo mesmo, em duas semanas percebi diferença. Porém, o mau tempo me fez ficar um mês em casa. Sim, onde moro é comum invernos de semanas sem ver o sol, apenas garoa ou chuva. Aí o resultado se perdeu, e a vontade de emagrecer também.

69

Eu me senti inspirado a fazer algo ainda além da alimentação e das corridas na rua, uma academia tem telhado, poderia ir mesmo com chuva. Fiz algumas pesquisas e acabei entrando em um box de crossfit. Acompanhei a aula e gostei, sem nem pensar direito paguei três meses e comecei a ir.

Um erro que cometi foi ter me matriculado sozinho. Essa atitude enraizou uma mágoa no meu relacionamento e não percebi a tempo, então vá pelo simples, mas sempre inclua a outra pessoa nos planos. Se for sozinho, vá com cautela.

Indico ter cautela por algumas razões, a primeira e mais óbvia é por conta do círculo de amizades que estará nas suas redes sociais e comentários: "aí, fulano disse aquilo, aí, ela jogou a garrafa na fulana". Consegue me entender? Fuja desse tipo de circunstância. A melhor saída é levar de casa a dupla.

Outro espinho foi o resultado unilateral, eu mudei muito. Muito mesmo. Enquanto minha companheira estava em casa "apenas" se alimentando de forma saudável, eu estava no crossfit três vezes por semana e outras duas vezes correndo na rua. Ela ficava em casa com as crianças, e eu trabalhando meu próprio diamante. Não me julgue, a maioria das pessoas já fez ou está fazendo algo do tipo, evoluir sem chamar a outra pessoa para acompanhar.

Certa noite, após um bom tempo sem trocarmos olhares profundos, vimos algo de muito diferente. Eu não era mais o mesmo, todo o meu corpo estava mais magro, braços, costas, pernas, pescoço. Onde estava a barriga? Perceber essa mudança trouxe muita insegurança, de um lado, e um ego enorme do outro. Não tive cautela.

Acredito que uma das maiores falhas que uma pessoa não deveria, mas comete, é usar uma conquista coletiva de forma pessoal. Não paguei sozinho as mensalidades, não fiz sozinho as marmitas, não me preocupei com as crianças durante o horário de treino. E me exibi sozinho.

Eu estava com mais de 124 quilos quando chorei no provador da loja, devia estar uns cinco quilos mais magro quando me

FAZER O IMPOSSÍVEL

matriculei no crossfit, e 11 semanas depois estava com 87 quilos. Vi resultados parecidos em pacientes de bariátrica. Foi um grande choque para todos que estavam meses sem me ver.

Porém, esse resultado não trouxe apenas alegrias, éramos dois, e apenas um estava conquistando um objetivo. Depois de discutir sobre o assunto, chegamos a possíveis soluções, optamos por abraçar de vez os exercícios físicos, mesmo que adaptados e limitados, fizemos algumas adaptações em casa, o **cross home**. Funciona? Funciona na mesma medida que você emprega esforço e dedicação, sem desculpas ou atalhos. Agachamento, flexões, pular corda e outros exercícios são possíveis e indicados. E é bem fácil encontrar muitas dicas de profissionais na internet.

O ponto aqui é que não é nenhum pouco certo deixar de lado os interesses da pessoa que dorme ao seu lado. Reconhecimento e humildade é o básico, estou frisando a importância de demonstrar o quanto a felicidade coletiva em casa é importante para cada indivíduo. Sem isso, fica difícil prosseguir.

Os treinos em casa foram muito bons, deram resultados físicos e emocionais positivos, até certo ponto. Errei muito em deixar o ego crescer além da curva, e isso refletiu de forma decisiva e negativa alguns meses depois. E você não vai errar nesse ponto.

A amizade em casa é importante demais para se deixar de lado. Ao mesmo tempo que não pode ser apenas amizade. Relacionamento deve ser profundo, em entrega e confiança. Não vale a pena buscar um objetivo legal se no caminho vamos perder pessoas que se doaram tanto.

Amizades

Uma boa amizade não só pode, como vai ajudá-lo muito. Uma BOA amizade é essencial em todos os ambientes do nosso dia a dia, em casa, na rua, no trabalho ou em momentos de lazer, um bom amigo faz a diferença. Mesmo quando precisamos de paz e sossego, estar com alguém que nos dá apoio e amparo fica leve, o peso das preocupações desaparece. Estou falando do tipo de amizade que soma, que ajuda a matar o leão do dia independentemente do tamanho que tenha.

Quando comecei no crossfit, fiz amizade com o máximo de pessoas que consegui, afinal era uma praia nova para mim, me senti perdido e sozinho nos primeiros momentos, até que alguém me deu o apoio que precisava, os treinos se tornaram mais esclarecidos e fáceis de fazer. Meu novo amigo tinha experiência com todos os exercícios propostos e me chamava a ir além do limite da minha mente.

A atitude dele foi a de um amigo verdadeiro desde o primeiro dia, mostrou estar disposto a ajudar meu crescimento, dando dicas, conselhos e incentivando quando eu queria desistir. Com o tempo, nossa amizade foi se fortalecendo, e já somos amigos há anos, nos vemos com certa frequência e trocamos mensagens regularmente. Ele esteve comigo em momentos realmente difíceis, como em Provérbios18:24: "Quem tem muitos amigos pode chegar à ruína, mas existe amigo mais apegado que um irmão".

O foco não é a quantidade, mas a qualidade dessa amizade. Como diz o versículo, ter muitos amigos pode nos levar à ruína. Pense comigo, uma roda de amigos extensa vai abrir um leque amplo demais de atividades e hobbies. Mesmo com um ou dois interesses em comum, acontece de o grupo se desfazer em alguns eventos que não agradam a todos, ou nem todos vão entender a luta ou dificuldades que você está passando.

Quando firmei minha rotina de exercícios no box de crossfit, me aproximei de todos que lá estavam, porém a realidade fora era diferente. Havia os que estavam lá para se preparar para competições e viviam para isso, esse não era meu foco. Outro grupo era dos que podiam adquirir qualquer objeto de conforto ou ostentação, não poderia acompanhar o ritmo deles fora do box. Entre muitos grupos, tinha aqueles que viviam uma realidade parecida com a minha, deles me aproximei, e ali uma pessoa me deu um grande apoio.

Com o passar dos meses, nossas conversas foram se aprofundando, e percebi que essa amizade ia além dos treinos e das atividades no box. Compartilhamos nossos sonhos, medos e objetivos de vida. Ele estava passando por seus próprios desafios, e nossa conexão se fortaleceu ainda mais quando percebemos que podíamos contar um com o outro, não apenas nos momentos de triunfo, mas também nos momentos de dificuldade.

A verdadeira amizade não é construída nas vitórias, mas nos momentos de vulnerabilidade. Foi nesses momentos que compartilhamos nossas inseguranças e preocupações e que nossa amizade se consolidou. Quando enfrentei uma lesão que me deixou afastado dos treinos, ele esteve ao meu lado, me apoiando e me encorajando a não desistir. Suas palavras de ânimo eram como um bálsamo para minha alma cansada.

A amizade que desenvolvemos também teve um impacto profundo em minha saúde mental. À medida que enfrentava as pressões do trabalho e os desafios pessoais, saber que tinha alguém em quem podia confiar e com quem desabafar era um alívio imenso. Muitas vezes, após um dia estressante, encontrá-lo para um treino ou uma simples conversa se tornava o ponto alto do meu dia. Sua presença era reconfortante e me lembrava que eu não estava sozinho.

Não posso deixar de mencionar a importância da amizade no contexto da vida saudável que buscamos. Enquanto continuávamos a nos dedicar aos treinos e à melhoria física, nosso compromisso compartilhado com a saúde e o bem-estar nos incentivava mutuamente; nos apoiávamos em nossas escolhas alimentares, trocávamos receitas saudáveis e, por vezes, até mesmo competíamos de maneira amigável para ver quem poderia adotar hábitos mais saudáveis.

A verdadeira força, porém, dessa amizade não estava em como ela nos ajudou individualmente, mas em como ela nos impulsionou como equipe. Nossos treinos se tornaram uma celebração de nossa amizade e uma maneira de nos desafiarmos mutuamente a alcançar nossos objetivos. Cada repetição, cada quilômetro percorrido e cada gota de suor derramada eram testemunhas de nossa dedicação e determinação.

Em retrospectiva, percebo que essa amizade transcendeu os limites do crossfit e se tornou uma parte fundamental de quem eu sou. Ela me ensinou lições valiosas sobre empatia, apoio e a importância de estar presente para os outros. Mesmo quando nossos caminhos pessoais tomaram rumos diferentes, a base sólida de nossa amizade permaneceu intacta.

Hoje, olhando para trás, vejo como essa amizade foi um fator transformador em minha vida. Ela me lembrou que não importa quais obstáculos surjam em nosso caminho, quando temos um amigo verdadeiro ao nosso lado, somos capazes de enfrentar qualquer desafio. Ela reforçou minha crença de que, mesmo nas situações mais difíceis, não estamos destinados a enfrentar a jornada sozinhos.

Portanto, à medida que continuo minha jornada, recordo-me do valor inestimável de uma amizade genuína e como ela pode moldar nosso crescimento pessoal, nos lembrando de nossa força interior e nos guiando para uma vida mais saudável e significativa. Assim como meu amigo me mostrou que a amizade pode ser uma fonte de inspiração, apoio e conexão, desejo que todos possam experimentar essa dádiva maravilhosa em suas próprias vidas.

APLICAÇÃO

Chegamos à parte mais fácil, a de decidir fazer algo diferente na própria vida. Desta vez será algo diferente, na direção correta. Vamos atingir um objetivo que será bom para muitas pessoas, e o resultado será mantido por uma nova mentalidade. Uma boa maneira é seguir cada capítulo lido e criar uma lista. Sua própria lista de pontos a serem seguidos no seu dia a dia.

Essa lista pode variar de acordo com aquilo que você já identificou como sendo uma atitude certa ou atitude errada, no propósito ou na meta. Alguma correção no círculo de amizades ou hobbies. Seja qual for a alteração, lembre-se de que ela pode ser dolorida, vai custar disciplina e foco. Com o tempo, vai se provar ser uma boa decisão.

Sabemos que não adianta enfeitar muito essa parte, você sabe onde estão os erros mais prejudiciais, elimine-os agora. Se não começou a mudança conforme foi lendo, volte as páginas e escreva cada decisão que tomou e se mantenha firme até que a meta seja alcançada. Depois mantenha.

Estudei diversas formas de ajudá-lo a aplicar os conceitos que vivi e escrevi neste livro, pensei em listas dinâmicas e coloridas, mas cheguei a uma conclusão que pode chocar. Agora é com você! Ninguém poderá fazer essa caminhada. Eu sei que você consegue.